成功班主任案头必备

班主任工作难题新解

王萍 杨连娟 编

航空工业出版社

北京

内 容 提 要

本书共分为5个部分，通过做专业化的班主任、由细节入手、建设绚丽多彩的班集体、用爱感化生命及与家长携手等内容的介绍，就中小学班主任在实际工作中可能会遇到问题进行了全面、细致的阐述，以提升中小学班主任自身素质和专业技能，使中小学班主任成为学生需要的、专业化的和具有魅力的班主任。

本书适合中小学班主任阅读，也可作为教师培训教材及图书馆收藏。

图书在版编目（CIP）数据

班主任工作难题新解/王萍，杨连娟编. —北京：航空工业出版社，2017.10 （2022.3 重印）
ISBN 978-7-5165-1340-8

Ⅰ.①班… Ⅱ.①王… ②杨… Ⅲ.①班主任工作 Ⅳ.①G451.6

中国版本图书馆CIP数据核字(2017)第239520号

班主任工作难题新解
Banzhuren Gongzuo Nanti Xinjie

航空工业出版社出版发行
（北京市朝阳区京顺路5号曙光大厦C座四层 100028）
发行部电话：010-85672663 010-85672683

永清县晔盛亚胶印有限公司印刷 全国各地新华书店经营
2017年10月第1版 2022年3月第2次印刷
开本：710×1000 1/16 印张：14 字数：160千字
印数：5001—11000 定价：28.00元

前　言

教师是塑造人类灵魂的工程师，而班主任则是战斗在这一阵地最前沿的战士，是一班之魂。据统计，全国有中小学生2亿多人，有中小学教师近1000万人，其中班主任大约有500万人。他们承担着独特而艰巨的任务，活跃于教育前沿阵地。

教育是艺术，但它首先需要科学的审视，需要我们以理性、客观、严谨的态度，去了解可以做什么，不可以做什么，怎样做才能避免工作过程中的失误，怎样做才能达到预期的结果。这样，才能避免出现因悟性不同而产生巨大差异的情况，才能使班主任在工作中尽快找到方向，从而确保基本的教育质量，不使学生为班主任工作的盲目性与随意性“埋单”。

不管是课改前还是课改后，管好一个班级，犹如搞好一个系统工程，班主任从任职那天起就要有十分强烈的“质量”意识，要真正在培养学生高尚情操、塑造学生美好心灵上下功夫。班主任只有树立起全新的教育观、质量观、人才观，才能培养出适应21世纪竞争形势的创新人才。因此，班主任不仅应该具有崇高的职业道德、无私的敬业精神、渊博的专业知识和科学的教育理论，以及现代教育观念和开拓创新精神，而且还需要不断提高自身的素质修养与专业工作技能，科学而艺术地教育孩子。

《成功班主任案头必备》丛书对班主任的角色、任务、操作系统进行了界定：班主任是全面关心学生发展的人，是学生的精神关怀者，是学生生命中的“重要他人”。因此，班主任应学会精神关怀，学会班级建设，应在具有发展性的班级教育系统中，促进学生的全面发展。

这是一套集思广益的书，分别从班主任的师德修养、心育艺术、语言艺术、新型工作方法、精选教育案例等方面进行了大量翔实、具体、生动的描述，并有针对性地进行了分析提炼，对班主任提高自身的素质和工作技能具有较大的借鉴价值和实用价值，具有一定的指导作用和启发意义。

希望本丛书的出版，能为广大班主任提升自身素质和专业技能提供一定的帮助，推动我国班主任工作事业向着新的高度迈进。

编　者

目录

Contents

学生在生活或其他方面遇到困难的时候，班主任应该饱含着极大的同情心和爱心，尽最大的努力来帮助他们，就像是在帮助自己的孩子。

培养学生的集体主义观念、集体主义荣誉感是班主任的首要任务。在班集体中，学生自己管理自己，认识自己，提高自己，每个学生都是班级的主人。这样不仅使每个学生从中得到磨炼，而且可以发挥自身的潜能，表现出主人翁的责任感，为班级的建设出谋划策，积极参与实践活动，在班集体中快乐成长。

人的内心是一个极其宽广、复杂、多变的世界。面对几十个性格各异、不断变化发展的孩子,怎样走进他们的内心世界,找到属于他们的那片沃土,播下适宜他们成长的那粒种子,对于班主任教师来说,这是至关重要的。

学校教育要与家庭教育相协调,相互支持,形成合力，才能使教育达到最佳状态。因而，作为两种教育的中介人，班主任的工作是复杂而细致的。它需要用心去做，用技巧处理好家庭与学校之间的教育关系。

第一编

做专业化的班主任

班主任工作是塑造人心灵的艺术，是一项创造性的工作，重视人的全面发展，重视学生完整人格的培养，是新课程背景下教育的重要内容。一个好班主任就有一个好班，班主任的管理水平决定着班集体建设的质量。如何提高班主任专业素质，促进班集体建设健康和谐发展，成为广大班主任面临的又一新难题。

使学生对教师尊敬的唯一源泉在于教师的德和才。

——爱因斯坦

学生不尊重自己怎么办

目前,在许多学校里,学生见到老师不打招呼,学生问完问题也不向老师道一声谢的已是平平常常,有的学生还给老师起绰号,甚至公然在课堂上辱骂老师的事也屡见不鲜。教师们越是小心翼翼,学生们却越不买你的账;你越是称学生为上帝,学生却越是不尊重你。为什么会出现这样的现象呢?

学生不尊师的原因很多,也非常复杂。教育专家认为,孩子出现这种问题首先要归因于家长,是家庭教育的错误和失败导致孩子带着问题进入学校和社会,从而让学校和社会的教育工作变得更加棘手。但是,是不是说教师本身就没有责任呢?答案当然是否定的。可以说,除了极少数学生确实存在品行和心理方面的问题以外,主要责任还应该由我们教师自己来负。也就是说，问题出在学生身上，根子却主要还在教者身上。

首先，教育存在的种种现实问题是造成这一现象的原因之一。有时教育追求功利性，上级要的是学习成绩，为了提高成绩，有的班主任采取了让学生很反感的方式。上级的意志通过班主任传达到学生，班主任就会把学生单纯作为一种工具，逼迫学生为分数而奋斗，即使有一点点过错也绝对不会放过，轻者训斥，重则请家长甚至处分。这样的教育方式必定会给学生心理造成很大的压力，甚至使之产生心理问题；而这种心理问题一旦爆发出来后果将极其严重。学生报复、侮辱、谩骂、嘲笑，甚至是令人发指的枪杀老师、殴打绑架老师及其子女的现象并不是没有发生过。苏霍姆林斯基说过："请你记住，教育——首先是关怀备至地、深思熟虑地、小心翼翼地去触及年轻的心灵。"班主任要悉心地关注每一个幼小的生命，保护孩子的自尊与自信，为他们扬起远航的风帆。

其次，出现这种现象，与班主任的教育方式也有很大的关系。班主任的素质是不容忽视的。有些班主任为了一点点的小事，就对学生大喊大叫，语言侮辱，甚至拳脚相加，似乎学生就是没有感情的动物一样。这样对待学生，学生毕业以后是不可能对之有好印象的。有些时候，班主任在教育学生时，无意中伤害了学生，也许就会埋下祸根，学生不但会记住一辈子，而且还会憎恨一辈子。有时候，班主任无法处理教育中的一些矛盾而采取了一些过激的行为，以此为导火索就会引发许多问题。

再次，有的班主任教师不自重，经常接受家长的宴请，收受家长送的礼物，自毁教师形象。当学生看到自己的老师打着饱嗝、喷着酒气跌跌撞撞地走进课堂，甚至趴在讲台上呼呼睡去时，有谁还会敬重这样的老师呢？

此外，学生方面的原因虽然不是主要的，但也不可忽视了。现在，由于生活条件的优越，不愿意读书、不求上进的风气在一些学生身上蔓延滋生，再加上家庭教育失当、娇宠现象普遍，导致部分青少年学生是非观念模糊、价值取向迷失，心理问题上升，思想偏激喜走极端的危险信号频频亮起，这也是学生不尊师的一个重要原因。

那么，班主任要如何来解决这样的问题呢？

事情发生之际，一定要冷处理。因为这个时候，学生的心理处于一种激动的状态，如果班主任再采取行动，反而会激化矛盾，会把事态扩大，不利于问题的解决。在适当的情况下，班主任可以让学生先发泄，当他发泄完之后，我们就可以根据具体情况，采取一定的措施来解决问题。

一、提高自身素质

班主任教师加强自身素质是最积极的行为，也是可由自己控制的行为，会带来很好的效果。比如，我们在教育学生的时候，应时刻注意自己的言行，避免给学生造成伤害。就像一个学生给一家报社写信时说到的："一个老师是否合格、是否优秀，衡量的标准并不是看他所教学生的升学率如何、平均分如何，而是看他能否平等地对待学生，能否尊重学生的人格和隐私。我认为，只有把学生当作在各方面都和自己平等的人来对待的老师，才是一个合格的老师，才可以评为优秀的老师！"尊重学生的人格,在师生之间倡导一种尊重人权、崇尚民主、坦诚相见、平等友爱、团结互助的道德风尚,这是每一个班主任所必须要做到的。公平地对待、严格地要求每一个学生,对学生的关心和教育决不以感情的亲疏、个人的好恶和学生品学的优劣状况为转移,把教师的严和爱有机地结合起来,这样学生不尊重老师的现象也就比较少了。因为人的尊重是相互的,教师尊重了学生,必然会得到学生的尊重。用微笑面对别人,同时也会收获别人的微笑。生命就会在这种双向认同的过程中得以延伸,人生也因此变得厚重起来。我们跟学生打招呼,学生在被尊重的过程中找到了自我,获得了自信,学会了感激,他们会努力让自己以一个受尊重的个体融入群体。

二、建立良好的师生关系

1. 多和学生接触交往。师生间的认知关系是教师双方良好关系建立的前提和基础,师生之间的正确感知和相互理解是良好的心理关系建立的前提。所以作为教师,作为师生关系的主动方,班主任应该多和学生交往,多和学生接触,多和学生进行深入的交流,让学生畅所欲言。在交往和接触中了解学生的思想状况和动态,并及时发现学生中存在的实际问题,并由此制定帮助学生解决问题的方案。

2. 多关心学生学习生活。师生之间良好的人际关系除了增加交往时间、交往频率外,在心理上缩短距离更能让学生接受,更能让师生关系在和谐的氛围中不知不觉地建立起来。作为班主任,要多关心学生的学习和生活,多鼓励学生直面现实的困难,增强抗挫折的能力。在这一方面,除了精神上的鼓励外,也可以有一些物质扶持,让学生感受到教师对他的关心和理解,感受到身边的温暖。师生之间的距离缩短了,关系就好相处了,学生自然也会越发地尊重老师。

3. 培养学生正确的价值观念。学生心理上的压力,很大程度上是学习本身带来的。因此班主任可以对学生进行价值观的培养,要让学生学会从学习的压力下解脱出来。让学生认识到学习也只是人生的一个必然的过程,在学习中不能只为分数生存,生活中值得珍惜的东西有很多,我们要正确看待分数,正确对待学习。如果学生能够依据自己的实际情况正确正视学习,那么的心理上的压力就会减轻很多。

4. 交往方式要适当。班主任要注意对待学生的方式,对学生存在的一些小问题、小毛病,要能够宽容地对待,以一种良好的心态看待正处于成长中的学生。对待不同性格、不同气质的学生,要采取不同的谈话方式,避免意外事件的发生。如果师生都达到了心理上的相互包容,那么良好地师生关系也就基本上能够建立起来了。

5. 教会学生一些自我调整的方法。对生活要持积极乐观的态度,不要一味地沉湎在低沉的情绪中。让学生学会借助看电影、听音乐、打球、散步等有意义的轻松的活动,放松心情。当学生火气上涌时,可以有意识地转移话题或做点别的事情来分散他们的注意力,这样能够使他们的情绪得到缓解,也可以掌握一些自我调整的方法来缓解压力,如肌肉放松技术、呼吸调节法、自我暗示法等。

当然,师生之间是互动的关系。学生对教师职业的理解也在一定程度上影响着师生关系。作为学生要全面认识班主任这一角色的社会作用,特别要充分理解班主任特有的“代父母”的监护作用。班主任有责任对学生各方的面言行进行监护,而不是对学生的所有举动放任自流,不闻不问。作为学生应该维护班主任的权力和威信,并积极地配合班主任做好班级工作。在班主任“爱唠叨”,“爱教训”的背后,是班主任关心爱护学生的一片真心,以及班主任作为成熟的社会成员的失败和成功的体验。学生应该以辩证的观点来看待班主任的“唠叨”,诚恳地虚心地接受教导。同时,广大班主任们还要认识到,良好的师生关系的建立不是一蹴而就、一劳永逸的,既要班主任教师很好地把握时机,做艰苦细致的工作,同时也需要学生的理解和支持。只有师生双方都能做出自己积极的努力,达到师生关系的良性循环,学生不尊重老师的现象才能从根本上得以解决。

此外,要避免发生这类事件,还需要制定一些法规。法国在2002年颁布法律,规定学生必须要尊重老师。给学生一些硬性的规定,是对他们行为的一种约束,否则,他们就认识不到自己不尊重老师的行为是错误的。

> 真正的教育者不仅传授真理，而且向自己的学生传授对待真理的态度，激发他们对于善良事物受到鼓舞和钦佩的情感，对于邪恶事物的不可忍的态度。
>
> ——苏霍姆林斯基

学生认为班主任不民主怎么办

有一位教师,是一位很负责任的班主任,但就是过于武断,在学生面前说什么就是什么,班内不能有半点不同意见。记得是一次植树活动,不知因为什么事,这位班主任与班上的一个学生发生意见分歧。但这位班主任认为,作为学生不能对老师的话提出异议。于是在班会上指名道姓地批评了那位学生,学生就与老师争辩了几句。结果该班主任便大发雷霆。最后,事情闹到德育校长那,全班同学都对这位班主任产生了反感情绪,认为他极度缺乏民主作风。

有人说, 班主任如果不民主,他只能是一个独裁者,也就成了光杆司令。这句话具有一定的道理。作为班主任,就应在民主、平等中管理班级体,班集体是学生的集体,不是班主任自己独立的王国,学生不是臣民而应是班集体的参与者。班主任应该在班务管理中做到管理而不约束,激励而不包办。这就需要班主任认真反思,对班级实行民主管理,努力培养学生独立思考与办事的能力。

一、增强自身民主意识

班主任之所以要增强民主意识,是因为班级民主管理能创造一种亲切、自由、和谐的教育环境,有利于学生产生轻松愉快的情绪体验,有利于他们的进步和成长。

民主型的班主任善于把自己摆在集体中,摆在与学生平等的地位;信任学生干部,许多活动给予学生自己组织的机会,班主任只是在其中扮演指导者和鼓舞着的角色;十分尊重学生,与学生交往是朋友式的,富有感情色彩的;对学生一视同仁,处事公正;善于调动学生的积极性,常以征求意见的方式让学生参与班级管理,以达到在实践中训练学生办事能力的目的;注重培养学生批评与自我批评的精神等等。这样的班级,学生的集体意识浓厚,师生之间的关系和谐融洽;班风良好,班干部既有一定的工作能力,在同学之间也有一定的威信,无论班主任在不在,班级活动都能正常进行。

二、采取有效措施

1. 民主选举。民主选举学生干部。班干部由学生提名,经全班学生讨论,民主选举产生。这样选出的班干部能够感受到班集体的信任,进而增强责任感和荣誉感。学生通过投票、推荐也享受到民主权利,领悟到作为集体一员应尽的义务。

2. 民主分工。在班委会明确分工的前提下，最好给每个学生都安排一个具体的管理工作。如课代表、小组长、墙报员、财务管理员……这不仅有利于培养多数学生的管理能力，而且有助于克服学生干部的优越感和普通学生“班级工作与己无关”的思想。

3. 民主协商。班主任遇事要多与班干部和学生商量，不可独断专行。一要注意在提出班级奋斗目标、制定班级计划、确定先进个人与集体、处罚违纪学生等重大问题上，充分听取学生意见。二要重视学生的多种倡议，即使倡议内容有不完善和不合理的地方，也要肯定其积极意义；对于错的或者一时不能实现的倡议也要讲清道理，引导他们提出新的合理的实际可行的倡议。三要用平等的、商量的口气分派任务，如“这事交给你做很合适！”“咱们一起商量着办怎么样？”等语言；切忌采用生硬的命令式的语言，如“你给我去干！”“叫你去你就去……”等等。

4. 民主监督。苏霍姆林斯基认为，让学生集体来监督自己的某些成员是适宜的，这样可以消除懒惰和不守纪律的现象。学生对学生干部的工作实行监督，发现问题有向班主任和学校领导报告的权利。班主任要不断召开“民主生活会”，让学生或学生代表对班级管理工作中存在的问题进行分析探讨，增强学生的主人翁意识；还可以举行“假如我是班长”、“假如我是班主任”的演讲或征文活动，以进一步激发学生当家做主的感情，深化班级的民主管理。

对别人的意见要表示尊重。千万别说："你错了。"
——卡耐基

学生当众顶撞自己怎么办

一位班主任在接受记者采访时讲到这样一件事：一节课上，有位地理老师禁止学生传纸条，一男生明知故犯被老师当堂训斥。男生不服，当堂辱骂老师。老师可能觉得自己课堂上言语也有些冲动，不想继续计较学生的过激言语，但该生却不依不饶，一定要找老师讨个说法，为此甚至阻拦老师上下一节课。

一般情况下，班主任和学生出现了误会与矛盾，都能通过耐心地沟通妥善解决；但是，也有学生不顾及场合和时间，很不礼貌地当众顶撞班主任教师，使在场的老师和同学目瞪口呆，也使班主任感到很难堪，遇到这种情况怎么办？

一、头脑冷静，善于自制

当学生顶撞老师时，引起教师的反感和情绪上的激动，是可以理解的。但是，此时班主任教师必需头脑冷静，时刻注意自己是一位长者、智者和教育者，应不失教师的自信、涵养和气度，并控制自己的情感，约束自己的言语，抑制无益的情绪冲动。学生顶撞老师，通常是在情绪激动、头脑发涨的情况下发生的，此时如果班主任教师硬要一味批评、训斥，极易造成师生对立的僵局。相反，如果班主任教师能够以教育者的胸襟来对待学生，善于控制自己的情绪，合理地运用教育机智，不但能使学生受到不同方面的教育，而且能够提高自己在学生心目中的威信。奥地利教育家布贝尔说：“教师绝不可以忘记，种种冲突只要是在健康气氛中加以解决的，那么冲突也会具有教育价值。”

二、深入了解、分析原因

世界上没有无因之果。学生顶撞老师也不会是无缘无故的，这就要求班主任注重调查了解。一般说来，学生顶撞老师不外乎以下几种情况：一是由批评内容失误引起的，即批评内容与批评对象的实行行为不符。二是由于批评方式不当引起的，如班主任教师用尖刻的语言伤害了学生的人格和自尊心，就是导致学生顶撞老师的常见原因之一。三是由批评对象对自己的缺点和错误认识不足引起的。由于学生的社会阅历、知识程度和生活环境的不同，在一些问题上难免会出现是非不分的情况，有时候甚至会颠倒黑白，错误地认为班主任的批评是“多管闲事”、“小题大做”，从而引起误会，对班主任产生反感，进而进行顶撞。四是由于对老师有积怨或成见，一触即发引起的。这样的学生认为“什么事你总盯着我！”、“为什么非要找我的碴儿……”、“别人说我还听，你说我偏要顶！”

三、尊重学生，耐心工作

一位特级教师叙述了这样一件事情：“男生小强把半杯水倒在了地上，女孩小新看见了就批评了小强。结果，小强说：‘你管得着吗？真讨厌！’一听这话，小新顺手就给了小强一拳，结果两人就打起来了……我先批评男孩的不对，又说小新不该先打人，这时小强承认了错误，还向小新敬了个队礼表示道歉！我问小新：‘你是否都对呢？’小新不客气地说：‘我都对！’‘是否一点错也没有？’‘我有什么错？’我有些生气了，厉声问她：‘你为什么打人？’她更强硬地说：‘他为什么骂我？骂我，我就打！’女孩这样蛮横，我还是第一次碰到，心里冒火，真想大声批评她一顿，但是想起教师的责任，我冷静了下来……三天后，我问她：‘路上如果有人不小心踩了你一脚，这个人很有礼貌，马上向你道歉，你应该怎么办？’她不言语了，后来终于认识到自己的错。”

四、工作有误，反躬自省

出现学生顶撞班主任的情况，要根据不同的原因做出不同处理。如果是学生的过错，要给他时间考虑，帮助他改正错误；如果是师生误会，要加强调查了解，弄清事实，消除误解；如果是教师的责任，就应当谦恭反思，虚心作自我批评！最后一种情况通常有以下几种表现形式：有时是班主任掌握的情况与事实不符，使学生受了委屈；有时是因为班主任说了张三，放了李四，学生误认为老师不公正;有时是因为班主任态度粗暴、言语过头,损害了学生的自尊心……针对这些情况,如果班主任不放下架子,认真反思,那么矛盾就有可能激化。在这个问题上,一位班主任感慨地回顾了这样一件事:“我曾教过一个叫梁斌的学生,他不仅自己不好好学习,而且上课还经常捣乱,搅得大家都不能安心学习。再怎么说他也不听。于是我想把他的家长找来,求得家长的配合,再好好教育他,让他安心学习。后来我有意识地在他面前吓唬他说:‘再不好好学习就请你家长把你领回家吧!’没想到一句话激怒了梁斌,他大声说道:‘你只会找家长告状,回家就回家!’说完整理好书包就想走。一番好意竟换来如此结局,我当时好伤心哪!伤心之余我又想:梁斌之所以那样,是因为他并不理解我的苦心。于是我告诉他妈妈说:‘您回去向他讲明,我找您的目的不是告他的状,而是寻求您的配合,共同教育好他。让他反思一下自己的行为,然后再来找我。’第二天梁斌来向我承认错误,并道了歉。我告诉他:‘没有一个老师想伤害自己的学生。老师无论说什么、做什么,出发点都是为这个学生好,希望你能理解。’后来在不断地接触中,他终于理解了我的苦心,自身也进步了很多。”

班主任工作是一项复杂的劳动,繁忙之中难免有失误,问题是在这种情况下是反躬自省,还是文过饰非,这会给学生带来截然不同的教育影响。谦虚谨慎,严于律己,不但不会失去学生的信任,反而会把诚实谦逊的美德灌输到学生的心田。

只有集体和教师首先看到学生优点的地方，学生才能产生上进心。

——苏霍姆林斯基

如何对待“困难”学生

在前苏联著名教育家苏霍姆林斯基领导的巴甫雷什中学里，形成了这样一个观念：相信一切孩子都能被教育好。这里没有“差生”的概念，只存在“困难”学生或“难教育”的学生的说法。在教育实践中，对这类学生一般不单纯由某个教师去进行教育，对他们进行教育往往是整个集体的义务。苏霍姆林斯基一生中就教育过 178 名“难教育的学生”，这 178 名学生都有一个艰难的教育过程。每周苏霍姆林斯基都要走访困难孩子的家庭，以便深入了解形成他们道德的最初环境，他跟家长们、家长的邻居们、教过这些孩子的老师们进行交谈。

有一个学生高里亚，上学才一个月，大家就对他有了一个鲜明的印象：这是一个懒惰成性、常会骗人的学生。在短短的一段时间里，他就表现出了“难教育”的特点。秋天，当高年级学生植树时，他有意破坏了几株树苗的根部，并向全班同学夸耀自己的“英雄行为”。有一次课间，他把手伸进别人的书包，拿出课本，用墨水把它弄脏，再放回原处，并以天真无辜、泰然自若的态度来欺骗教师审视的眼光。

了解到高里亚的情况后，苏霍姆林斯基来到了高里亚的家。这个家给他留下了这样一个印象：高里亚是一个非常不幸的孩子，他从小失去了父亲，母亲在他刚满周岁时，又犯了严重的罪行，被判处十年徒刑。高里亚从小住在姨母家，姨母把他看成额外的负担。复杂的生存环境使高里亚成了一个典型的“难教育”的学生。

苏霍姆林斯基根据家访的情况，找来班主任等有关教师共同分析高里亚上述行为产生的原因。他提出了自己的看法：高里亚对自己的行为所抱的态度，是故意装出来的、不自然的。家庭环境的影响，使高里亚对人们失去了信心。对他来说，生活中没有任何神圣的、亲切的东西。苏霍姆林斯基的看法对教师们思想触动很大。大家一致认为，高里亚所以不好，是因为过去只看到他恶劣的一面，而没有主动关心他，挖掘他身上闪光的地方。这个学生表现出来的缺点，是在向周围的人对他漠不关心、冷淡无情的态度表示抗议。这样的分析既增强了教师们的同情心，又使大家的观察力得到了一定的提升。

一次，苏霍姆林斯基把高里亚请进了生物实验室，要高里亚帮忙挑选苹果树和梨树的优良种子。虽然高里亚装出不屑栽培树苗的样子，可是孩子的好奇心还是占了上风，他们两人一起做了两个多种头，直到很累为止。这件事引起了高里亚的极大兴趣，当班主任再次去高里亚家时，已发现他正在施肥栽树。此后班主任老师因势利导，在班级栽树活动中，让高里亚指导别的孩子们。及时的发现和鼓励温暖着这个孩子的心灵。虽然后来高里亚曾多次反复出现不良倾向，老师们却着眼于长善救失，循循善诱。“功夫不负有心人”，在这个教师集体的共同教育下，这个孩子在三年级时光荣地加入了少先队，以后还经常帮助有困难的同伴，为集体默默地做好事。高里亚好像重新变成了另一个人了。

从这里可以看到苏霍姆林斯基的一个教育信念：热爱孩子、关心孩子、尊重孩子，相信一切孩子在教育中能够向好的方面转变。这个故事启示我们，对待“困难”学生的问题，关键是从激励入手，让他们感到人性的温暖，树立起自信心，抬起头来走路。

1. 目标激励。目标层次化，对班级中不同类型的学生分别提出不同的目标，把个人近期目标和远期目标同班级目标结合起来，同时班级目标应围绕学校的大目标。引导学生向着既定的目标努力奋进，从而对“困难”学生产生激励鞭策作用。

2. 尊重激励。受人尊重是人的基本心理需求。班主任教师尊重学生，能使学生产生满足感，从而得到愉快的心理体验。因此，应公正、平等地对待“困难”学生，尊重他们的人格，听取他们的意见，从而对他们产生一种激励作用。对“困难”学生要多几分尊重和理解。这样，“困难”学生就会逐渐认识到自身的价值，改变自甘落后的思想，从而产生一种积极进取的动力，真正使阻力变成动力。

3. 情感激励。人都是有感情的,“困难”学生也有丰富的感情世界。由于他们常常受到冷眼,所以外表给人总是冷漠的,有时甚至有些不近情理。因此,要转化他们,必须大力进行感情投资。有关事实证明:师生之间建立深厚的感情、亲密的关系,是转化工作的一个必要条件。古人言:“亲其师,信其道。”学生对老师有感情,才会听取老师的教诲。否则,老师苦口婆心的教育只是徒劳。班主任应特别应注意与“困难”学生沟通感情,增进了解,以换取信任。这样,他们就会消除与班主任教师之间的心理隔阂,容易产生感情上的共鸣。在这种情况下,对“困难”学生及时进行引导,就会产生比较理想的教育效果。

4. 榜样激励。通过介绍先进人物的事迹,对“困难”学生产生一种感染和激励作用。“困难”学生一般比较注重具体的、实际的东西,对老师空洞的说教,常有一种逆反心理,你要他这样,他偏要那样。所以,单凭说理是难以见效的。针对这一心理特点,可以向他们讲述徐悲鸿、华罗庚、爱因斯坦等名人奋发成才的故事。同时,应特别注意在本校本班级树立学生身边的典型,尤其对那些基础较差但进步较快的同学多给予表扬,号召全体同学向他们学习,这样做不仅能促使这些学生加倍努力,而且也可以使更多的“困难”学生看到进步的希望。榜样的力量是无穷的,经常宣传榜样,树立典型,对“困难”学生的教育就能收到良好的教育效果。

5. 成功激励。教育心理学告诉我们:想获得成功是人们普遍的心理愿望。“困难”学生在看到班上其他同学取得成功之后,内心羡慕之余,也会产生获得成功的欲望,也想体验成功的快乐。因此,班主任应该在各项活动中,特别注意鼓励“困难”学生积极参与,发挥他们各自的爱好和专长,为他们创造成功的条件和机遇。这样,通过成功激励,能够帮助他们树立信心,促进自身的转化。

6. 关怀激励。就是对“困难”学生真心爱护,热心关怀,用爱心温暖他们冰冷的心,从而产生激励作用。“困难”学生之所以后进,原因是多方面的,有主观原因,也有客观原因,但更多的却是由客观原因造成的。因此,班主任对他们无微不至的耐心关怀,在很大程度上能使他们改变落后的观念,使其积极上进。

7. 赏识激励。荣誉是人自尊心的需要,恰当而又适当地给“困难”学生以表扬和鼓励,能够帮助他们克服自卑心理,激发他们的进取心。在平时,我们要多找“困难”学生的闪光点,“困难”学生并不是一切都差,他们身上也有很多美好的品德。有的虽然纪律观念淡薄,但能积极劳动,不怕苦,不怕脏;有的对班集体不够关心,但常常能够见义勇为,助人为乐;有的文化基础较差,但学习态度比较认真……我们对“困难”学生凡有积极行为和进步表现的,都应给予表扬和鼓励,从而激励“困难”学生不断前进,努力完善自我。

8. 实践激励。开展综合实践活动,让“困难”学生在实践中接受教育。特别是在活动前,班主任要加强对“困难”学生的指导,有目的地让“困难”学生在活动中受到教育,实现自我转化。

9. 家庭教育激励。家庭教育在学生成长中也是重要一环,特别是对于“困难”学生,这一方面的教育显得更为重要。对“困难”学生,要晓之以理、动之以情,予以说服,切忌简单粗暴和放任自流，严禁体罚和各种高压措施。班主任要及时与家长进行沟通交流，要说服家长与孩子建立平等和睦的关系，对孩子既不溺爱、放任、有求必应，又不简单、粗暴、独断专行；对孩子的要求要切合实际，期望值不能过高，以免造成孩子的巨大心理压力。此外，还应培养孩子积极向上、热爱学习、热爱生命的生活态度。以此来激励“困难”学生的上进信心，使他们看到光明的前程。

“困难”学生的问题不仅仅是教育问题，实际上也是社会问题。在思想教育过程中，应正确对待“困难”学生，让他们感到集体大家庭的温暖，让他们树立起信心，抬起头来走路。这样才能达到教育目的，全面提高“困难”学生的素质；才能开创“困难”学生思想教育工作的新天地；才能面向全体学生，全面贯彻党的教育方针；才能提高整个中华民族的整体素质，为实现四化培养真正有用的各种人才；才能培养出具有完整人格意义的人。

教师的威信首先建立在责任心上。

——马卡连柯

班主任如何树立威信

班主任威信是班主任在全班学生心目中的信誉和威望。“学高为师，身正为范。”班主任要想带好一个班，首先就得在学生心目中树立起自己的威信。当班主任的威信得以确立，学生因“亲其师而信其道”的时候，很多班级管理事务、班级建设方案的构思和推行，将游刃有余、势如破竹。然而，威信的确立确非一朝一夕之功，这又增加了班主任们的工作难度。威信难以确立的原因大致如下：

首先，学生与班主任之间互不了解。而了解是理解的前提，理解是崇拜、敬佩的出发点。刚刚走到一起时，师生之间的了解都停留在感性认识阶段，需要时间，更需要通过朝夕相处来进一步认识对方。所以，班主任要想在短时间内树立起自身威信，就只有将有限的精力投入到无限的为学生付出中去。

其次,受传统教育观念以及班主任个人职业道德修养等方面的约束,班主任难以走进学生心灵。曾经有一个女孩在《我的班主任》一文中写下了这样一句话:“记忆中的他老是板着一张脸,虽然每天我们都会与他(指班主任)见面,但总感觉像隔着一个太平洋那么远。”因为女孩的班主任不是语文老师,因此她才可以不担心被班主任知道而畅所欲言。也正是通过这么一句发自一个幼小心灵的真实声音,我们可以断言,这位班主任在与学生的沟通和交流方面是失败的,他根本没有走进学生的内心,至少没有走进这个女孩的内心。

再次,班主任个人素质的高低是威信能否得以成功确立的关键。由于学识、综合素质、性格等诸多方面存在差异,班主任的工作效果必定参差不齐。那些教书效果好、育人本领高、精力充沛、平易近人的班主任更容易使学生心悦诚服。然而现实情况是这样的班主任太少了,更揪心的是一些班主任虽知不足却依旧不思进取。

此外,还有一些客观方面的原因也让班主任的威信难以确立,比如,班级人数过多使得师爱的阳光难以普照到每一个角落;再如,学校或教育主管部门违背教育规律制定“清规戒律”,致使一些有意义的集体活动无法开展(如个别地方为避免安全事故的发生而禁止组织学生外出野炊、游玩),这些客观因素有时也会造成学生的心理落差而怀念以前的班主任和班级。

诸多因素造成了一些班主任在刚上任的时候面对学生时,要么束手无策、无从下手,只得跟着其他班主任东施效颦;要么虚张声势、空喊口号，掩盖自己的苍白和底气不足；要么天马行空、随心所欲，不成章法、乱搞一气。其实，班主任实施班级建设活动是一种自我人格力量的外化，也是一种个人品质的彰显。以智慧启迪智慧，用激情点燃激情，班主任与学生也就能做到心灵相通、水乳交融。而在这个沟通与交融的过程中，班主任威信的确立也就自然水到渠成了。具体而言，班主任可以从一下这些方面入手：

一、给自己一个正确的定位

作为班主任，如何定位自己在班级中的身份至关重要。不少班主任把自己定位为一个单纯的“领导者”，居高临下地命令学生去做自己认为正确的一切，以为只有这样，自己才会在学生面前有了“威严”，有了地位。其实，他们的学生表面上大多顺服，但内心却大多逆反，班级管理工作也很难深入，效果自然并不像表面上看起来的那么理想。教育家马卡连柯曾说：“特意树立的权威是不可能存在的，这种权威永远是一种人为的权威，而且永远是徒劳无益的。”这就是这种单纯“领导者”定位的不足。

除了这种“领导者”定位外，还有另一种“同盟者”定位。现在不少年轻的班主任开始倾向于把自己定位为“同盟者”。这种定位的好处显而易见，因为同盟，所以有沟通；因为有了沟通，学生和老师双方都能更好地彼此了解和配合，班主任的工作也就容易做得更深入，学生表现为乐于接受和完成班主任所交予的任务，在乎班主任的评价。师生都能在一种比较和谐的氛围中发展进步。这种定位的班主任比“领导者”定位的班主任更容易深得学生的赞赏和认同。但“同盟者”的定位，也并非十全十美。比如，过于“同盟”，就可能导致班主任对班级管理的失控，而且年级越低，这种失控就越明显，因为学生的年龄决定了他还没有很强的自控力，而老师过于朋友式的身份很可能让他们产生自我放纵、自我迁就的不良行为。

过分的、单独的“领导者”和“同盟者”的定位都不是完美的，最好的定位方式应该是以“同盟者”的身份介入，行使自己“领导者”的权利，履行“领导者”应该履行的责任。

二、对学生的态度

新时代的教育是以人为本的，所以一名教师，尤其是一位班主任，对学生态度的好坏直接关系到他作为一名教育者的成功与否。

首先，要真诚地爱学生。爱是教育的前提，没有一颗爱学生的心，是永远与优质教育绝缘的。作为教师，特别是班主任，要脑子里想着的是学生，心中装着的还是学生。人非草木，孰能无情？当学生能真切地体会到那一缕缕平凡而伟大的师爱时，春风化雨的教育就滋润着成长的心田了。学生感冒时的一句问候、放学途中的一声叮咛、住院时的一次探望、考试之后的一次鼓励……都将在学生心底荡起阵阵涟漪，让师者亦师亦友，令教育如诗如歌。

其次是尊重，包括尊重他们的人格、他们的言语、他们的隐私以及他们应有的一切权利。获得别人的尊重是从尊重别人开始的。不要以为老师就是例外，老师要想在学生中有威信，被学生尊重，也一样是从尊重学生开始的。

再次，是信任。信任他人是一种美德，而得到他人信任则是一件使自己既开心又信心百倍的事情。当一名学生得到了老师的信任，他就会更努力地去让自己获得他人的信任。于是，无论在做人、做事，还是学习上，他都会更注意、更努力，不断完善自我。

再次，理解和沟通也不能忽略。所有的老师都是从学生时代走来的，就算大家不能回忆起那个时候的细节，但那种渴望得到师长理解的心情总还是能够回想起一点的。老师和学生，通常被看作是两代人，两代人之间由于生活背景和生活阅历的不同而产生了“代沟”，因此不能很好地互相理解，于是出现了分歧，甚至是顶撞。若是闹成了这样，那么老师怎么去做学生的工作，学生又怎么可能心甘情愿地去接受老师所做的一切呢？教育因此而变得不和谐，充满了火药气息。所以，在老师对待学生的态度这个问题上，理解和沟通十分重要。做好了这些，班主任的工作往往会达到事半功倍的效果。要做到理解和沟通，只有一条捷径，那就是：站在学生的角度，用他们的眼睛，去看他们的世界。

三、用创新思维开展班级管理

现代管理的一个重要思想就是“人本”思想。这一思想的基本精神是：人是管理活动的主体，一切管理工作均应以调动人的积极性，做好人的工作为根本，而对人管理的最高境界就是启动下属的内在工作动力，充分发挥下属工作的积极性和创造性。

社会在不断地向前发展，在社会信息的进程中，各种思想价值观念和行为方式都会在学生中传播，使学生的心理特点发生显著变化。反思我们的学生管理工作，与当前的形势和时代要求是格格不入的。我们那传统的“保姆式”的管理会使学生缺乏独立自主性；“警察式”的被动管理则压抑了学生的自尊、自主意识；而两眼死盯着是否犯规的“裁判式”消极管理则剥夺了学生的民主参与。

教育最忌讳的就是简单粗暴，管理最忌讳的是墨守成规。为人师者当与时俱进，最大限度调动受教育者的进取热情和参与激情。班级目标的提出、集体心理品质的锤炼、班级凝聚力的聚合等等，一切都离不开班主任工作艺术的创新。

四、教好自己任教的学科

一个好班主任首先是一个好老师，在自己的学科上决不含糊。无论是传统定义下的教师，还是新时代对“教师”的诠释，都将“授业”、“解惑”放在重要位置。很难想象，一个课堂教学一筹莫展、教学效果一塌糊涂的老师能赢得学生的欢迎和肯定，优良班级的打造当然也无从说起。

此外，班主任还要有一两项爱好或专长，如一个漂亮的篮球动作能打开师生间感情的闸门；一手潇洒的钢笔或毛笔字能使学生产生钦佩的感慨；联欢会上一首动人的歌曲会把一群音乐爱好者吸引到身边……这些都有助于班主任教师威信的提高。

五、妥善处理人际关系

在学校里，班主任的一言一行都是所在班级学生关注的焦点。因工作关系,班主任必须与校长、年级领导、其他班主任、科任教师、学生家长等各类人经常打交道。在交往中班主任的言行举止必定在学生心目中留下这样或那样的印象。对上阿谀奉承、对下吹毛求疵;与同事关系紧张、我行我素、独来独往;见钱眼开、唯利是图、收受家长礼金……这样的班主任必遭学生唾弃。

六、做一个终身学习者

学习,已经成为知识经济时代的重要生活方式。在未来社会,一个人可能拥有的唯一优势就是比他的对手学得更快。普天之下的班主任几乎无一不强调学生的学习,这是学生走向成功的必经之路。正人先正己,明人先自明。如果班主任在学习和进取方面能为学生作一个表率,对于学生一定是无声的教导,也能使自己赢得来自学生的赞叹。

有句古话是这样说的:“有威则可畏,有信则乐从,凡欲服人者,必兼备威信。”威信不是要特意去树立的,而是属于那种“于细微之处见精神”的。从一个眼神,一个微笑,一句话语做起,一点点完善自己,一点点把爱洒向每一个学生。这样,班主任的威信就不立而立了。当然,世界上没有绝对完美的威信,一名班主任可能在某些方面不足,只要瑕不掩瑜,敢于做自我批评,并努力改正,就一定会建立起应有的威信。

你的教鞭下有瓦特，你的冷眼里有牛顿，你的讥笑中有爱迪生。你别忙着把他们赶跑。你可不要等到坐火轮、点电灯、学微积分，才认识他们是你当年的小学生。

——陶行知

如何让“困难”班级创造奇迹

目前，很多学校把纪律、学习均处于弱势的学生集中在一起，组成所谓的“差班”，任其为所欲为，大有“随他去吧”之势。这样的班级谁来教呢？于是，老师们在心理上自然地承认了某某班是“优班”，某某班是“差班”。但是我们要强调的是，正如前苏联著名教育家苏霍姆林斯基所言，这个世界上没有所谓的“差生”，只有存在“困难”的学生和“难教育”的学生。所以，希望广大班主任能够认识到，学校里也不应该有所谓的“差班”，只有存在“困难”的班级，如何去管理“困难”班级，帮助这些“困难”学生完成自己人生的学习历程，对广大班主任来说既是一种挑战，也是一个不断提升并完善自身的过程。

要把“困难”班级带成优秀班级，并不是天方夜谭。2001 年

8 月，高考结束以后，钟惠平老师在《“差班”也能创造“奇迹”》中写道：“面对这种生源状况，许多教师都有异议。当时我的心理压力、精神负担非常大，总觉得运气不好。由于各种因素影响，分配到我班的同学基础最差，素质也较差。简单统计一下，年级前 100 名学生中安排到我班的只占 8 名，远远低于全年级平均值(每班至少应为 14 人以上)，最高分也只是年级第 26 名，其余学生大多数是 200 名以外。不仅如此，好几个班的‘双差生’都不约而同地扫进我班，有几位好的同学也调离本班。……但苍天终于不负苦心人……7 月 25 日中午终于有个明确的答案：我班高考成绩上重点线 7 人，一般本科 15 人，总共 22 人，占报考人数(55 人)的 40%，上最低线(462 分)47 人，全班录取率 86%。这是很多老师所没有想到的。”

由此可见，所谓的“差班”不可能先天就差，它存在着太多的人为因素。班主任的任务就是通过自身的努力，缩短“差班”与“优班”之间的差距，关注每一个孩了的发展，从而让“困难”班级的孩子也能充满幸福感地学习和生活。但是，在现实生活中，许多“困难”班级的班主任，却往往把“禁止”作为立足点，将批评惩罚作为经常的管理模式，试图用“管、卡、压”的手段，以各种规章制度压服人。殊不知，多年“差生”的经历，使他们有了极强的抗拒承受力。对班主任的规劝、批评甚至处分均能坦然处置之，依旧我行我素。要么当面顶撞，破罐子破摔，要么虚心接受，坚决不改。问题在于这种做法抑制了学生的另一面，即他们固有的自信心、主动性和积极性。苏霍姆林斯基曾这样语重心长地告诫老师们：“学生集体中的兴趣、爱好、才能是多种多样的，丰富多彩的。切不可硬让这种丰富多彩的多样性迁就于某种统一模式。”“困难”学生之所以没有信心，是因为他们心中有症结。一直以来在“差生”这顶帽子的重压和班主任严厉的管教下，他们的自信已变得麻木或畸形，无动于衷成为他们最明显的外在特征。因此，促使“困难”学生转变的关键不是如何严管，而是放手。为此，接受“困难”班级之后，我们建议广大部主任从以下几个方面着力，尽快步入工作正轨。

一、调整心态，用积极的心态去迎接新的挑战

良好的心态是事业成功的保证。没有一种对事业的执著追求，想要取得成功，那是痴人说梦。同样，当领导把教“差班”的任务分派给自己的时候，与其推诿烦闷，不如调整心态，快乐地迎接新的挑战。这时候，就会对未来的班级充满了信心和憧憬，会感觉到每一个孩子背后都会有一连串可爱的故事，会享受到教育所给予人的那种激情和乐趣。

不良的情绪，不仅会让自己感到沮丧，而且会影响到对学生的态度和教育，所以说“生气时不教育，教育时不生气”。每天面对学生的时候，暗示自己：今天你微笑了吗？这种心态会让你尽快融入到学生的心中，融入到班集体之中，而这正是做好“困难”班级工作所最需要的。

二、想方设法，用先进的方法去带好所谓的“差班”

所谓的“差班”，无外乎有这样的几种表现：学习差、纪律差、品德差。学习差——这是老师家长最敏感的话题；纪律差——关键在于你的话是否让学生心悦诚服；品德问题——慎

用一个"差"字。

在育人方面,朱永新教授在《新教育之梦》一书的开头就讲道:"理想的德育,应该重视在自然的活动养成学生的德性,让学生在游戏和丰富多彩的自主活动中体验和感悟道德的境界。"由此可见,德育完全需要摒弃简单的说教。让先进的理念落到实处,实施具体有效的方法,使理念的价值在实践中进一步提升。

用人文性的管理,努力把"困难"班级带成好班,这应该是为人师者的良好愿望和至高境界吧。

(一)宽容友善地对待学生

宽容是一种美德,它不仅是人际交流的润滑剂,而且还是增强师生感情的黏合剂。苏霍姆林斯基也说:"有时候宽容引起的道德震动比惩罚更强烈。"

我国著名作家朱自清向来反对"师道尊严"的传统,要求学生克服见了老师就"矫情饰伪"的毛病,培养做人"纯正的趣味"。无论遇到什么问题,他都和学生平等地讨论。

一次,朱自清的学生王福茂写了一篇作文,题目是《可笑的朱先生》。文章写道:"他是一个肥而且矮的先生,他的脸带着微微的黄色,头发却比黑炭更黑。近右额的地方有个圆圆的疮疤,黄黄的显出在黑发中;一对黑黑的眉毛好像两把大刀搁在他微凹的眼睫上……他的耳圈不知为何,时常同玫瑰色一样。当他在黑板上写字的时候,看了他的后脑,似乎他又肥胖了一半。最可爱的,就是他每次退课堂教学的时候,总是像煞有介事的从讲台上大踏步地跨下去,走路也很有点滑稽的态度。……"朱自清在这篇作文下面画了许多双圈，并在课堂上读给大家听。他说："我平时教大家怎样写作，王福茂给大家一个榜样，这就是描写人要让人读后如见其人，最好还应如临其境，如闻其声。"

当教育传达出对学生的善意、信任和关爱时，唤醒的是学生的向学之心和向善之志。

（二）赞美学生，重塑自信

越是"困难"班级的学生越需要赞美。这正如那些缺少养料的禾苗一样，阳光的滋养至关重要。无数的教育事例证明，教师评价一个学生成才，这个学生一定能够成才。美国历史上第一位黑人州长的例子，不就让所有的教育工作者惊叹于那个校长的聪明评价吗？教师评价一个学生无能，这个学生最终就会无所事成，现实中那么多的问题孩子悬崖不勒马，不也让许多的教师束手无策吗？虽说这不是绝对的真理，可却从一个侧面反映出了教师评价的重要性！我们为什么不从学生的身上发现他们的闪光点，并把他们哪怕只有芝麻大的优点大加赞美呢？

"困难"学生们需要赞美，需要自信，更需要来自各方的疼爱和鼓励！班主任应该更多地关注他们，给他们更多的宽容，给他们更多的改过机会。并适时地称赞他们的闪光点：理科成绩好的就赞美理性思维，文科成绩好的就表扬文采优美；助人为乐的，热爱班集体的，事无大小，只要是闪光的地方，就大加赞赏。

（三）鞭策学习，淡化成绩

学生最重要的是学业，比学业更重要的是不断努力的过程。一朵荷花以成倍的努力想长满整个荷塘，可到了第 28 天的时候,荷花只长到荷塘的四分之一。这个时候,荷花如果放弃了,她就和成功失之交臂,因为,在接下来的第29天,她就能长满荷塘的二分之一,到第30天,我们就能看到整个荷塘的灿烂!

人的一生中,其实有很长的时间都是在“28天”以前的努力中,只要认真努力了,也就足够了,量的积累到了一定的程度,每个人都会看到质的辉煌,问题只在于那个人是否在坚持。

班主任可以通过这个故事,向学生们灌输了一个终生学习的理念。不让他们为一时成绩的好坏或喜或悲,而是从中找到努力的契机,找到学习的快乐,向着自己理想的荷塘加倍努力。

“授人玫瑰,手留余香”,是的,在班主任们将尊重给予“困难”学生们的时候,这些孩子明白了什么是尊重,什么是责任,什么是自信心,什么是不懈的努力,什么是永不言弃。面对整个人生来说,还有什么比这个更为重要呢?

三、及时沟通,用班级的进步去争取领导的支持

学校领导的关心和鼓励对教师来说是一种巨大的工作动力。领导之所以把一个“差班”交给自己,有一份沉甸甸的信任在其中。班主任要善于把自己的工作设想与领导及时沟通交流,尤其是初教“差班”,面临着学生这样那样的问题,心情不好是搞不好工作的,这时候要让领导充分信任自己的工作能力,把自己的想法和做法随时与领导沟通,听取领导的意见和建议,形成教育合力,共同把班级建设好。

譬如开学初,邀请领导参与开学第一周的主题班会,领导可以满怀激情地为班主任“美言”几句,树立班主任在学生心目中

的威信，同时代表学校对学生进行学期学习纪律总动员，为开学尽早步入正轨开个好头。在班级取得一点成绩时，邀请领导来参加“庆功会”，借机鼓舞学生的士气，从而扬鞭奋蹄，形成良性循环。这样，班级的一举一动都和领导有着密切的联系，学生享受着学校领导的关怀，领导参与班级的管理，对班主任工作起到了良性的促进作用。

永远记住鼓励是人前进中的灵丹妙药，学校领导应该不断给予教师鼓励，教师应当不断给予学生真诚的鼓励，“困难”班级的班主任更应该为学生创造更多的得到鼓励的机会，要知道一个孩子如果生活在鼓励之中，他就学会了自信。这样的孩子能差吗？这样的一群孩子组成的集体能是“差班”吗？对这样的班级，作为教育工作者的我们能不愿意用全部的身心去关爱吗？

人的一切行为都是自内而外的。一个成功的人，一个成功的社会，都离不开心理的成功。

——佚名

如何提高班主任心理素质

人的个性心理结构是一个复杂的、多侧面、多层次的体系。在这个体系中，理想、信念和世界观被称为动力系统，是人的个性心理结构中的核心，是人的心理素质的灵魂和统帅。班主任只有把实现素质教育作为自己的理想和信念，才能真正形成健康的心理素质。

素质教育强调促进学生"全面发展基础上的个性发展。"要培养学生健康的个性心理素质，班主任必须从以下几个方面不断提高自己的心理素质：

一、热情而深沉的情感

在一定条件下，班主任的情感是对教育效果产生直接影响的因素。“没有人的情感，就从来没有也不可能有人对真理的追求。”（列宁语）对中小学生来说，他们非常需要那些热情的、富有同情心的、善良的、言行具有强烈感染力的班主任成为自己的良师益友，希望得到他们的认可和赞许。这种类型的班主任作风民主，易于与学生打成一片，能在情绪上给学生更多的支持和鼓舞；能恰当地运用批评与表扬的方法，促进学生从不利的情感状态中解脱出来，积极进取的面对生活。另外，教师这一职业需要班主任把对学生真挚的爱渗透到全部工作中去，并通过晓之以理、动之以情的方法，促进学生产生情感共鸣。班主任要具有这种感情，就必须忠诚于教育事业，用自己的热情来实现关心人、尊重人、教育人的目的。

二、正确而持久的动机

动机是推动人们行动的内在动力。动机的性质决定着人的行为的性质。班主任的工作动机从主客观上分析是由其在工作中的地位、作用决定的，是受其思想和工作需要的内在驱动力制约的。班主任如有牢固的、正确的思想及工作动机，就会凭借个人对动机意义的理解，随时强化或引导学生学习、生活和不断成长。例如，优秀的班主任总是根据学生的学习、思想等方面的表现，抓住一切有利时机进行思想、理念和学习目的教育；并根据学生提出的合理要求，创造条件予以满足，以使学生保持一种朝气蓬勃的精神状态。但是，如果班主任的工作动机就只是为了增加一些津贴，那他必然缺乏工作动力，不仅做不好工作，且这种较低的思想境界也必然给学生带来不良影响。

三、广泛而有益的兴趣

班主任兴趣广泛可以促使自己获得更多的信息，得到广博的知识，以提高自身的修养；同时还可以和学生保持密切的交往，产生共同语言，从而更有利于了解学生，有针对性地帮助、教育学生。如果班主任是位科技迷，就能带动本班的课外科技活动；如果班主任是位体育爱好者，就能和学生一起参加各种体育活动；如果班主任能言善辩，你的学生也会是辩论的高手……兴趣一般是可以培养的，例如班主任牛老师本来不会打球，但是为了了解和教育后进生王涛，就主动参加了他们的体育活动。经过一段时间的锻炼，打球不仅成为牛老师新的业余爱好，也为他的工作创造了有利条件。班主任教师要加强自身的兴趣修养，关键是培养自己从事对相关知识的兴趣和对文学艺术、文体活动的兴趣，使自己的在学生生活的广阔领域里能成为活跃人物。当然人的兴趣也有消极和积极之分，我们要择其善者而从之。

四、爽朗而稳重的性格

性格是指人较稳定的对现实的态度以及与此相适应的行为方式，它常常通过态度、意志、情绪和理智表现出来。班主任具有爽朗、活泼、坦率而富于理智的性格，对于青少年的教育是十分有益的。因此，为使自己具有良好的性格修养，班主任在工作和交往中必须做到讲究科学胸怀坦荡，以诚相见；热情帮助，讲究科学；自信冷静，注重策略。除此之外，班主任还应具有高尚的道德情操，以自身的光辉榜样给学生做出表率，做到身教重于言教。

五、持重而不孤傲的气质

气质具有明显的先天性，但又不是一成不变的。人类四种气质虽然各有其优缺点，但不同气质的班主任却无优劣之分。如果班主任队伍中汇集了不同气质的人，他们又都能注意自己的气质的不足，做到取他人之长，补自己之短，这样工作会做得更好。每位班主任要善于了解自己的气质类型，并在实际工作加强自身修养，做到考虑问题时深思熟虑，安排工作计划时从实际出发，教育学生、处理问题时掌握分寸、讲究方法。应逐渐使自己形成持重老练、沉着冷静的良好气质，做到像托尔斯泰要求的那样：自居职守而不刚愎自用，胆大心细而不急躁粗浮，喜功而不自炫，自重而不自傲，豪爽而不欺人，刚强而不执拗，谦虚而不虚伪，认真而不迂腐，豁达而不逢迎，直爽而不鲁莽。

六、顽强而坚韧的意志

意志是指人在履行道德义务的过程中表现出来的自觉克服困难和障碍的坚强精神。在新课程改革的新形势下，班主任会遇到许多难解的问题，因此其意志品质显得十分重要。不管遇到什么困难，作为班主任，都应该有坚定的信念，相信每一个学生都是可以教育的。

人的心理素质是在实践中形成和发展起来的，是可以改变的。班主任为了培养学生良好的心理素质，提高工作效率和效益，应当加强这方面的自我修养。要达到改善和提高自身心理素质的目的，就应主动地自我锻炼、自我改造、自我陶冶和自我教育。

第二编

由细节入手

为师之道，既要严，更要有爱，有关心，有尊重，这是教书育人的前提和保证，更是一个班主任应该认真做到的。学生就是老师的孩子，当学生在生活或其他方面遇到困难的时候，班主任应该饱含着极大的同情心和爱心，尽最大的努力来帮助他们，就像是在帮助自己的孩子。

要使孩子们从小就懂得和领会到：他的每一步、每一个行动都会在他身边的人——同志、父母、教师和“陌生者”的精神生活引起反响。只有当他不给别人带来灾难，不欺负和扰乱别人时，才能成为一个生活得平静而又幸福的人。

——苏霍姆林斯基

学生沉迷网络怎么办

据中国青少年网络协会发布的调查报告《中国青少年网瘾数据报告(2005)》显示，我国网民超过一亿，其中青少年网民占80%，网瘾青少年约占青少年网民的13.2%。研究显示，网络成瘾发病年龄多数在15 ~40岁之间，24岁以下的网民占总人数的51%。青少年上网大多以玩游戏和聊天为主，网络成瘾、网络受骗、网络犯罪等问题日益突出。这不仅给青少年造成了身心危害，而且给社会政治稳定形成隐患。

网络游戏被人们形象的称为“电子海洛因”，而网络犯罪尤其是青少年网络犯罪也已成为社会各界亟待解决的头痛问题。因此，做好上网青少年的心理疏导工作已成为班主任的主要工作之一。班主任们应该认识到，网上世界的精彩丰富和网络文化的简单快捷，对青少年具有极大吸引力，因而也极易使之沉迷上瘾。但我们却不能因噎废食，不能因为上网会对人的心理产生不良影响而禁止或阻止青少年上网。相反，应积极让已掌握计算机技术的青少年正确而合理地利用网络资源，但对因上网而导致心理障碍的青少年应积极疏导。

一、从青少年本身出发，提高他们辨别是非的能力

青少年是当前网络的主要使用者之一，他们的自控能力、辨别能力较差，当他们遭遇挫折、心情烦躁或情绪低落的时候，就要给自己找一个能够放松心灵的地方，而网络正好满足了他们的需求。当他们看到网络上形形色色的虚拟世界就会被深深地吸引进去，沉迷于网络游戏、网络聊天，甚至是色情网站不能自拔。他们更容易被网络中的不良因素所影响，走上极端，所以班主任要让青少年要正确认识网络，自觉培养他们良好的兴趣与爱好，使他们学会约束自己的行为，正确合理的使用网络。

二、从家庭出发，让父母应尽到监护责任，多关心孩子的成长

家庭对青少年法律意识的提高起着举足轻重的作用。家庭成员的道德品质的好坏，法制观念的强弱对青少年世界观、人生观、价值观的形成有着重大的影响。目前，随着经济的快速发展，人口流动量增大，许多家长因长期在外打工或忙于经营生意等原因，把孩子交给老人或他人看管，使得这些孩子特别是留守儿童缺乏强有力的监护，易受外界不良事物的影响。如因沉迷网络而对学习漠不关心，直至走上违法犯罪的道路。因而班主

任还应尽量与家长进行沟通交流，使他们尽量多关心孩子的心理需求，关心他们的学习情况及行为变化，与他们平等相处，尽量肯定他们、欣赏他们。要十分注重亲子间的交流沟通，不能采取简单、粗暴的棍棒教育方式或干脆不闻不问、置之不理的教育方法，等到问题产生了，那再后悔就来不及了。当然，家长应尽到监护责任、对青少年既要关心和爱护，但也不能过分溺爱和放纵，对孩子上网的时间和内容要有所监督和限制。

三、从学校教育模式改革出发，法律教育形式应多样化，内容应有针对性

学校是青少年成长最重要的场所，也是青少年接受教育的主要阵地，如果搞好学校法制教育这个渠道，那么青少年法制观念提高就有了保障。

首先，应设法改变过去的那种生硬、空洞的填鸭式的教育方式，坚持理论联系实际的方针，使学校法制教育真正转移到素质教育的轨道上来。转变传统的青少年思想政治教育模式，适应网络时代青少年成长的特点，让现代教育模式和网络接轨，比如，申办网络学校，开设网络课堂等，让青少年正确认识和应用网络，充分发挥网络的积极作用，限制网络负面效应的产生。

四、从社会出发，为青少年创造安全有益的成长环境

青少年法制教育也离不开社会的关心、配合和支持，社会应充分发挥教育功能。当代媒体无处不在，极大影响青少年的思维方式和价值取向，各种大众媒体须坚持正确的舆论导向。另外，政府应加大扫黄打非力度，彻底清除社会文化领域中存在的

反动、暴力、色情、迷信等现象，特别是网络方面的，希望能有一套系统的规范来保护青少年的健康成长。当前，我们不否认网吧管理的混乱和无序是产生犯罪的诱因之一，但硬性的封堵绝不是良策，只会招来青少年的逆反心理和更强的探索欲望。因此，要引导青少年的网络行为，以及规范网络伦理，消除虚拟组织对现实组织的消极冲击，经营网络的人士也应增设一些心理指导栏目，适当对青少年进行心理问题指导。此外，社会各界还要彻底消除网络中的垃圾文化，净化网络市场。

对于青少年沉迷网络的问题，我们希望广大班主任和家长不要一味地怪罪于孩子。要知道，网瘾的成因是多方面的。孩子、家长、学校和社会，任何一个环节都是至关重要的，只有一同努力，才能为青少年构筑一片纯净的网络天空。

青年的思想愈被范例的力量所激励，就愈会发出强烈的光辉。

——法捷耶夫

学生狂热追星怎么办

当下的中国,人们对偶像的理解早已经历了从单一化向多元化的转变过程,崇拜对象也涉及各个行业、阶层,其中以中小学生为代表的“追星族”更是对偶像崇拜表现出了极大的热情。他们一味模仿所崇拜的明星的发型、穿着打扮,甚至收集明星的生辰星座、身高体重、兴趣爱好、恋爱情史等一切资料,没有了自己的方向,有的甚至因追星放弃了学业。为什么某些学生会如此狂热的崇拜自己的偶像呢?

1. 崇拜心理。青少年学生们所追的演艺明星,男的大多英俊潇洒、风流倜傥,扮演的也多是些义胆冲天、侠骨柔肠的铮铮铁汉;女的则闭月羞花、沉鱼落雁,扮演的也多是些娇媚可人、善良温柔的亭亭玉女。而体育明星也都是英姿勃勃、气质逼人,在赛场上更有豪气万丈、左右全局之势。这些难免让正处在青春期的少男少女们羡慕、迷恋甚至崇拜。

2. 从众心理。在青少年学生当中，追星现象很普遍，势力也很大，以致本来没多大心情追星的学生，为了不被看作“落伍”，不被视为“异端”，也自觉不自觉地加入其中。

3. 时尚心理。“追星”，在不少中学生看来，就是件时髦的事，至于有没有道理、有没有价值，学生根本就觉得无所谓，只要有“星”可“追”就足够了。

如何引导学生的追星情结向健康积极的方向发展，是迫在眉睫的事。我们知道了学生狂热追星的原因和表现，要明白简单加粗暴的处理方式只会导致适得其反的效果，因此只能以趋利避害的方式来对学生追星行为加以正确地引导，班主任和家长要用平和的心态来看待和处理这个问题。

一、不必禁止

对名人的崇拜可以说是学生进行自我教育的有效途径之一，它为青少年直接提供了思想言行规范化的模式。在崇拜心理的驱使下，被崇拜人物的高尚品德、创业意志以及献身精神会强烈地影响崇拜者，启示他们该如何去对待生活中的成功和失败。青少年正处于生理和心理逐渐成熟的时期，也是最充满青春活力的时期，所以他们以充满青春与活力的影视歌星为自己的青春偶像也无可厚非，班主任不必严加批评或禁止。当然，如果少数个别学生对明星的崇拜已到了走火入魔地步，班主任应及时与其促膝谈心，帮其从中解脱出来，应让学生认识到，其实明星也和普通人一样，只不过是由于他们从事职业的特殊性把他们塑造的那般完美和高大罢了。

二、积极导向

一是引导学生将崇拜从浅层次向深层次发展。有的学生对明星的崇拜,仅仅停留在外形和低级形态的模仿上,这是不够的。班主任应指导他们去了解明星们对事业执著的追求,奋力拼搏、艰苦创业的精神以及造福人类的行为等深层次的方面,让学生从中吸取精神养料。例如,多给学生讲一些明星艰苦的奋斗史,以及他们是通过怎样的努力才换来了这些看起来光彩耀眼的成绩的。告诉他们现阶段学习才是他们的主要任务,如果把大量的时间浪费在追星上,对他们以后的人生来说必定会是一个极大的损失。如果他们希望像自己的偶像那样的成功,就必须从现在开始努力。

二是引导学生将崇拜的范围扩大。榜样的力量是无穷的,充分地利用追星的正面影响来引导青少年,努力克服追星的负面影响。让学生们树立正确的“偶像观”,从狭隘的追逐影视明星、体育明星当中走出来,去崇拜各种伟人、英雄以及能体现时代特点的、在社会主义建设中具有创新、改革、开拓精神的改革家、企业家等,这些榜样才能激励他们努力学习,才能使他们更好地明白学习的意义和重要性。

三、激发升华

班主任可以创造良好的氛围和环境。条件允许的话可请一些明星给学生作报告,让学生从中得到感染并吸取力量。同时,可以组织引导学生学习名人传记、格言,寻找成功者的足迹,请英雄模范人物、改革家、企业家作报告。班主任还可召开主题班会、名人讲座等活动,让学生进行交流讨论,从而达到理性上的升华。

班主任应当让学生明白,学生在学校中,学业第一,逃学追星并非明智之举;如果沉迷于追星大军中无法自拔,这将使自己和家庭为此付出沉重的代价,杨丽娟的教训值得每个人深思。

我们主张热爱明星、学习明星、争当明星,反对盲目崇拜明星、依恋明星、丧失自我。热爱而学习,以明星为榜样,激励自己,与明星同行,既是社会之需,也是个人之求,亦是明星所愿,如此才有利于社会自身的进步。把明星视为偶像,盲目崇拜、依恋,从而丧失了自我,则是错误的。明星有其长,也有其短,有其超人的天赋、智慧和技能,也有其不如常人之处,不必迷信,更无须盲目崇拜。

我们主张人的全面发展,努力提升科学精神和人文精神,反对片面追求,伏地生存。对于演艺界、体育界的真正的明星,做出独特贡献的人物,如冼星海、聂耳、郭兰英、李宁等,应当尊敬,更应当学习。对于科技界、教育界、实业界以及军界和政界的人民之星,如钱学森、李四光、陶行知、粟裕等,也应该尊重和学习。而只知道演艺界的明星,不知道科技界的明星,是一个危险的信号;只知道场面的热烈,不懂得艺术的品味,则是一种悲哀。所谓伏地生存,指的就是这种长期生活在艺术低层的精神状态。青年就是未来,没有科学精神和人文精神的成长,不可能造就美好的未来。多少民族从历史上消失了,又有多少民族正处于灭亡的边缘,他们缺少的正是与时俱进的文化和民族精神。

追星没有错,这是现代社会流行趋势的一种,是文化发展火热的一种现象,但是事情做过了头,只会得不偿失。尤其是对青少年学生,我们应教导他们分清利害得失,摆正心态,正视“追星”活动。

正直诚实的生活道路，必定会有一个问心无愧的归宿。
——高尔基

学生撒谎怎么办

一位姓王的班主任在自己的博客里这样写道："最近班里撒谎的学生越来越多，作业没写完，总会找出一大堆的理由为自己辩解。记得前一段时间，我们班的周云好几天作业都没有按时完成，我问他原因，他泪流满面地对我说：'老师，我奶奶死了。'对于他的说法，我深信不疑，有谁会拿自己的奶奶来撒谎呢！结果两周之后，在一次家长会上，他的谎言在无意中被揭穿。我把他请进办公室，他还是老样子，一句"奶奶死了"就痛哭不止。当时的我可真佩服他的表演能力，当我把证实的消息告诉他时，他就一个劲儿地哭，什么也不说了。真不知道现在的学生怎么了，为什么要用这种方式来骗取老师的同情心呢？"

面对小王老师的问题，很多班主任教师深有同感。但是，在生气的同时班主任教师也要认识到，几乎每个孩子都有撒谎的经历，但并不是所有的撒谎行为都说明孩子存在严重的问题。心理学家认为，孩子撒谎一般可分为过失撒谎和有意撒谎两种。过失撒谎大多是无意的，非功利性的。过失撒谎性质不算严重，也比较容易纠正。而有意撒谎则不然，它是孩子的主动行为，大多是故意编造的，带有明确的功利性。有意撒谎与过失撒谎比起来情况比较严重，如不加以及时纠正，会使孩子形成不诚实的不良道德品质。

孩子有意撒谎一般来讲不外乎两种原因：一是为了摆脱压力、逃避责罚。孩子做错了事情之后心里常常会有些害怕，尤其是在严厉的家长和老师面前。孩子因担心说出犯错误的真相而不被人谅解或者害怕承担一定的责罚（比如被老师批评、被父母打骂、被同伴取笑等），于是就编造一些谎言为自己开脱，以此来减轻自己的压力，逃避责罚。另一种情况是孩子的虚荣心在作怪。有的孩子为了得到别人的赞赏或同伴的羡慕而故意说谎，希望能给别人留下好印象，以此来提高自己的“身价”，树立自己的“高大形象”。比如，有的孩子明明在班级里什么干部都没当过，却会在去外地探亲访友时和新结识的小朋友说“我是中队长”，或者和同学吹牛说“我爸爸怎样怎样”（其实没有这样的事）。另外，也有一些孩子说谎是在模仿别人说谎的行为，如果家长的成员或者同伴中有人爱撒谎，使孩子耳濡目染，久而久之对他们的行为产生认同而进行仿效。

孩子偶尔说一次谎，教师和家长们不要上纲上线，不能因为一次偶然的事件给孩子扣上“爱撒谎”的帽子，只要问清楚具体的情况，及时进行指导就可以了。如果发现孩子有说谎的习惯，就应引起教师和家长们的重视。引导和帮助撒谎的孩子，需要注意以下几个方面：

一、问清原因

发现孩子撒谎，重要的不是大发雷霆，而是先仔细地了解一下事情的前因后果，弄清楚孩子为什么不说真话，孩子心中的想法到底是怎样的。在这个过程中，班主任注意不要轻易地发火，也暂时不要对孩子的所作所为进行评价，先尽可能地让孩子把事情讲得详细些，尽量多地了解一些问题。当了解了事实的真相和孩子心中的真实想法后，再有针对性地进行教育。

二、正面教育

有的班主任在发现学生撒谎之后，常常忍不住火冒三丈，不假思索地把孩子教训一顿，要么告诉家长，要么采取责罚，但却忽略了具体的分析和指导。这样虽然有可能使孩子因怕承担谎言被拆穿的后果而有所收敛，但却没有解决根本的问题。如果时间长了，孩子觉得“反正是要挨打挨骂的，说什么都一样”，那就更加谈不上什么效果了。所以，当班主任在批评学生“撒谎不对”的同时，还要对具体问题进行具体分析，给学生指出一个努力的方向和改正的方法。也就是说，不仅要让学生感觉到“不可以撒谎”，还要告诉他们“为什么不可以撒谎”，告诉他们“应该怎样”、“从什么地方做起”。对撒谎的孩子，班主任一定要明确告诉他们撒谎的害处和所要因此付出的代价，使他们在思想上有一个正确的认识。

三、适度责罚

孩子故意撒谎，是一定要受到谴责和惩罚的，但是责罚的形式、内容、程度都要实事求是。责罚可以是舆论的批评、自我的谴责、采取相应的补救措施、重新完成自己的任务、兑现以往的约定等等。责罚也是“结果教育”的一种方式，目的是帮助孩子进行体验和感悟，学会承担责任。如果孩子撒了谎而没有承担任何的责任，那等于是在默许孩子撒谎，纵容孩子的错误行为，助长撒谎的习惯；如果责罚得过了头，孩子心中觉得委屈、不公或者更多的恐惧，就不能心平气和地接受批评和教育，甚至产生逆反心理。因此，班主任要站在就事论事的立场上面对孩子的撒谎问题，不纵容包庇，也不把问题扩大，既不要让孩子觉得“撒谎没什么大不了”，也不要因为责罚过重而引起其他的负面影响。

四、进行教育反思

造成孩子撒谎的原因有可能是教师教育不当造成的。教师对学生的期望和要求过高，教师过于严厉的教育，都有可能成为孩子的压力来源，当孩子不能面对这些压力的时候，往往选择撒谎来逃避矛盾冲突。在孩子撒谎的时候，班主任也要站在孩子的角度上反思一下：有时候自己的要求是否苛刻？有没有对孩子施加过压力？对某些问题的处理是不是合乎孩子的年龄特点？平时注意关心孩子的日常表现了吗？遇到问题能心平气和地和孩子交谈吗？经常结合具体问题跟孩子讲道理吗？等等。如果在这些方面确实存在一定的问题，班主任就应及时调整自己的行为，减少诱发孩子撒谎的因素，更有效地帮助孩子。

五、发挥成人的榜样作用

班主任应该注意以身作则，要言行一致，成为孩子学习的榜样。教育孩子不撒谎，班主任自己首先应该做到，通过自己的言传身教来影响孩子。班主任还要鼓励家长不要在孩子面前撒谎，尤其是不要鼓励孩子撒谎，心胸坦荡、诚实做人，使孩子从小树立起诚信的观念，懂得分辨是非，并在良好的氛围中自觉做到这一点。

一味地挖苦、贬低，会导致孩子的反抗，反对父母，反对学校，或者反对整个世界。

——布鲁诺

学生偷东西怎么办

学生徐凯,学习成绩不好,自由散漫,不遵守校规校纪,甚至时常做一些小偷小摸的事情。有一次,学校办公室一位老师代收的学生早餐钱不见了,有老师发现徐凯曾经在中午来过,而且他在遇到老师时神色慌张。班主任找他谈话,可他却百般抵赖,死不承认,直到老师拿出证据他才不语。还有一次,徐凯邻居家放在柜子里的六十多元钱不翼而飞,经调查后发现这钱也是徐凯偷的。班主任到他家家访时才解到,事发后徐凯又偷了家里的钱去海宁玩了。该生的这种不良行为,也让他的家人伤透了脑筋。可是,任凭家长怎样打骂,徐凯依旧是我行我素,班主任老师苦口婆心地劝告也都被他当成了耳旁风。

儿童偷窃是一种不良行为,发展到后来便会违法犯罪,所以是家长和教师们最担心的问题之一。偷窃行为在儿童中并非少见,但情节轻重不同,轻者严格地说,可以不算偷,但比较严重的已经形成了偷窃的恶习。偷窃的情况因年龄或原因不同,表现方式也不尽相同。有人调查指出,有偷窃行为的孩子,大都有行为障碍。其中6.8%是5岁时就开始在家"拿钱",63.7%在小学阶段开始偷窃,29.5%到十二岁以后才出现偷窃,51.9%伴有说谎、逃学和离家出走等品行问题,31.8%伴有多动,9.1%伴有轻度智力障碍。

一、孩子偷东西的原因

1.为了满足对物品的需要。一般来说,4~5岁的孩子,拿别人的东西纯粹就是因为喜欢。因为他们还不懂得什么是自己的,什么是别人的;还不懂得别人的东西未经许可不能随便拿的道理。但是,这个阶段的儿童已经具备学习判别的能力。因此,家长要帮助孩子区别自己的和别人的东西,要告诉孩子别人的东西不能拿的道理。

当一个孩子已经知道什么东西是自己的,什么东西是人家的时候,明知拿别人东西是不对的、不光彩的事情,但是看到别人的东西好,又控制不住自己,故意把别人的东西悄悄地带回家,这就属于是有意偷窃了。对此,班主任老师要及时与家长进行沟通,不能姑息迁就,也不能粗暴解决,应认真对待,寻找针对性强的矫正方法。

2.家庭的不良影响。在心理咨询门诊中,专家发现许多孩子的偷窃行为与家长教育不当及家庭不良影响有关。有时,问题虽然出在孩子的身上,但根子却在父母那里。比如,家长在外面占了小便宜,便在家里沾沾自喜,孩子看在眼里,记在心里,也悄悄地跟着学,随着占小便宜的愿望逐渐增加,孩子往往也沾上小偷小摸的行为。当家长发现孩子有偷窃行为时,有的家长姑息不管,有的家长棍棒相加,这样做往往会使孩子走向极端,滑得更远。应该说,孩子偷窃,家长是有责任的。

3. 偷窃是一种条件反射。心理学家在咨询过程中发现,孩子在偷东西之前,往往先有说谎、厌学、吸烟、逃学等不良行为。如果这些不良行为未经发现并及时进行教育,很容易发展成偷窃行为。一般是先从家里小偷小摸开始,一旦成功后,就从家里渐渐偷到社会,从小偷小摸发展到见了别人的东西,不管是否需要,都要把它偷到手。也就是说,他们对偷窃已经形成了条件反射。

二、如何纠正孩子的偷窃行为

1. 培养是非观念,增强是非感。孩子偷窃,绝大多数是因缺乏正确的道德观念。因此,班主任要对对这类学生进行矫治,必须先从帮助他们形成正确的是非观念、从增强是非感开始。要做到这一点,应从他们现有的实际认识水平出发,逐步提高,应让学生懂得偷窃是一种不良的行为,如果今日小偷小摸,就有可能在将来会大偷大摸,走上犯罪的歧途。通过反复教育,培养孩子的是非观,增强改邪归正的决心。

2. 建立信心,保护自尊心。有偷窃行为的孩子是否有自尊心呢?很多人认为,这些孩子屡教不改,根本没有自尊心。其实不然,要求得到别人的尊重,这是人的基本要求,这类孩子当然也不例外。班主任教师应该同家长一起,在不伤害他们自尊心的前提下,努力把他们从歧途上拉回来,否则他们便会是非不分,破罐破摔。班主任教师应从尊重、爱护的真诚愿望出发,尽量挖掘他们身上的闪光点,多采用赞许、表扬、信任、奖励的方法，点燃他们的自尊心，唤起他们的荣誉感，消除对抗情绪，树立上进的信心。

3. 创造醒悟机会，促进心理转变。一个犯错误孩子，经过教育之后，能认识错误，并愿意改正错误，称之为醒悟。班主任教师应为有偷窃行为的孩子提供醒悟的机会，一旦发现孩子有改正的苗头，应及时地给予关心和体贴，用温和的方式使其改正缺点；并组织同学们帮助他，鼓励他多参加文体活动，克服心理的阴影，从而增强学生的意志力。作为班主任，只要勤于观察、善于观察，时刻把学生放在心里，就能及时地制止学生偷窃行为的发生。

4. 增强孩子的抗诱惑力，巩固新的行为习惯。有偷窃行为的孩子，在接受教育后，有时会有所改变。当新的行为尚未巩固时，旧的行为在短期内仍会影响他们。如有偷窃习惯的孩子，由于没有得到彻底的纠正，当他发现有偷窃机会时，又会不由自主地行窃，尤其在过去“哥们”的引诱下，极易走上为非作歹的犯罪道路。因此，在相当时期内，适当地控制外部条件，帮助他们避开某些直接诱因是十分重要的。同时要通过教育，使他们坚定与错误作斗争的信心与决心。当孩子有进步时，班主任教师应及时给予表扬、鼓励和赞赏。当孩子出观反复时，班主任教师切不可急躁，既要批评，又要耐心说服，他孩子受到震动，感到内疚，自觉改正。同时，班主任教师还要联系其他科任老师，让他们在日常教学中多对学生进行德育渗透，使学生渐渐形成优良的品德。

一丝一毫关乎节操，一件小事、一次不经意的失信，可能会毁了我们一生的名誉。

——林达生

学生考试作弊怎么办

从2004年开始，教育部对高考等国家级考试的作弊行为作出严厉处罚，只要认定一科考试作弊，所有科目成绩即全部作废。但是，重赏之下仍有“勇夫”：河南镇平、濮阳高考作弊案惊动天下，四、六级英语试题泄密事件也常常成为人们茶余饭后的谈资。考场作弊不仅没有因为有关部门预防措施的严密、惩治办法的严厉而销声匿迹，反而呈现愈演愈烈的势头。可以说考试作弊已是学校工作一个很大的难题，而且也成为社会难以根治的痼疾。

作为教育者，我们不能因为大环境难以改变而放弃了杜绝考试作弊的努力；作为班主任，我们更要教会学生诚实考试，诚信为人。那么如何“治疗”这一顽症呢？

一、加强诚信教育，从“心”开始

对于考试作弊行为，有关部门都制定了明确的严厉的处罚规定。在实际生活中，这些规章制度虽然都具有一定的强制作用，但是如果学生自己认识不到位的话，那他总会找借口找机会作弊。任何一种教育，当学生有“我要……”的认识的时候，那就好办了。只有当学生真正认识到“生命不可能从谎言中开出灿烂的鲜花”（海涅）时，才有可能杜绝考试作弊。但这个过程是艰难的，所以在这个过程中，班主任要有信心和耐心，切不可急躁。此外，诚信教育不能流于形式，班主任要用真实可信的故事和哲理使学生信服。

二、开展讨论，达成共识

时下，在学生当中流行着一种说法，即“不作弊者吃亏。”班主任可以举行一次有关这个主题的大讨论，真理越辩越明，让学生明白，作弊者也许可以一时得逞，但在以后很长的人生道路中必定会吃大亏。孔子说：“人而无信，不知其可也。大车无，小车无，其何以行之哉？”当浙江温州的鞋业因假冒伪劣问题而在全国各地遭火烧时，浙江奥康集团总裁王振滔却在此时起家，创办了奥康集团的前身——永嘉奥林鞋厂，并立誓以产品取信于市场。如今的奥康鞋已经依靠过硬的质量赢得了很高的声誉。走进王振滔的办公室，抬头便可望见办公桌后面那条醒目的横幅——言必信，行必果。这六个字不仅是王振滔的座右铭，也是他多年来驰骋商海的真实写照。所以，要让学生明白：作弊只能逞一时之快，诚信才是立身之本。

三、"无人监考"考场的试点

在《中国中学生报》第1039期上曾有过这样一则报道：江苏高淳县固城初中，举行一场考试。与众不同的是，这四个考场里没有监考老师。黑板上写着一行字：相信你，相信我，相信大家。教室里十分安静，没人东张西望。学校把这种考试形式叫做"诚信考场"，参加考试的学生都是自觉报名，考试成绩在全校公示。其实，这种"诚信考场"在很多学校都设立了。

2004年1月13日新华网的一则报道中这样写道："2003年期末考试，对扬州大学广陵学院的学生来说不同以往。在大学英语三级统考时，这所学院特别开辟出两个考场作为'诚信考场'，考场门上标着'诚实、守信'字样，考场内则挂着'考场规则'、'诚信誓词'和'诚信考场补充规则'，整个考试过程中没有一位监考老师。充分信任学生，学生也会理解老师这份信任，并且珍惜这份信任。"

四、加强意志训练

不少学生在作弊之后都有这样的感受：当时是一念之差——看到别的同学作弊，怕自己不作弊而吃亏；或者是在作题的时候一时忘记应该记住的公式；或者是正好考到自己作过的题而一时又不知道如何解题了等情况，经过了一段时间的心理斗争之后，理智败下阵来，感情占了上风，于是哆哆嗦嗦地"动手"了。这些情况究其原因就是意志薄弱。作为班主任，平时要多开展活动加强学生意志品质的训练，在活动中锻炼培养学生的意志，让学生明白，有多少官员正是由于意志薄弱，经不起诱惑而走上了犯罪道路，成了人人痛恨的贪官污吏。

五、班主任要改变评价观念，不能以成绩取人

很长一段时间以来，德、智、体、美、劳全面发展几乎成了一句空话。不少班主任用成绩的好坏来界定学生的优劣，甚至来安排座位；而学生为了讨好老师，就会铤而走险，通过考试作弊来取得好成绩，再加上开家长会的时候，有些班主任向家长汇报情况时也是以成绩为标准，忽视了学生其他方面的闪光点。因此，在日常工作中，班主任要走出“以分取人”的评价误区，从多方面发现学生的闪光点，肯定学生的各种特长，挖掘学生的潜力。

六、必要的惩罚

我国古代对考场舞弊行为处罚相当严厉，如清朝顺治皇帝曾明令：“生儒入场，细加搜检，如有怀挟片纸只字者，先于场前枷号一个月，问罪发落。”而且随着考试级别的不同，处罚轻重也不同，如果在殿试时作弊，就犯了“欺君之罪”，不仅会掉脑袋，而且可能株连九族。在国外，对考场舞弊行为的处罚也很重。如美国对考场作弊者，可以指控其阴谋欺诈，最高处罚可达 5 年监禁和 25 万美元罚款。所以，惩罚仍然是必不可少的教育手段。因此，由所有学生参与拟定的班规里，可以明确规定惩罚的方式和力度。

总之，无论在什么情况下、什么环境里，考试作弊都是不能宽恕的行为。作为班主任，一定要尽一切可能把“千教万教，教人求真；千学万学，学做真人” 这一真理付诸实践。

一个人必须知道该说什么，一个人必须知道什么时候说，一个人必须知道对谁说，一个人必须知道怎么说……

——德鲁克

科任老师与学生发生矛盾怎么办

任课老师和学生发生冲突，班主任该如何处置？班主任，尤其是年轻班主任面对这种情况，往往会不知所措。是怒冲冲地骂学生一顿，还是为学生的行为辩解？两种处理方式都有可能是火上浇油，使本来已经紧张的师生关系更趋白热化，使科任老师和学生的矛盾日益恶化。

班主任在工作中，不可能只依靠个人力量来完成教育任务和建设班集体。要想完成任务，必须联合各方面的力量。班主任的工作也离不开学生的支持，因为班主任的工作对象就是学生，而每个学生都是一个需要平等对待与尊重的个体。任何不分是非的呵斥都会在学生那敏感而稚嫩的心灵留下伤痕。因此，在处理学生和科任老师的矛盾时，班主任应郑重行事，妥善解决。

一、在尊重的基础上了解发生矛盾的症结所在，进而征求科任老师对班务工作的建议与意见

在现实生活中，希望得到别人尊重是每个人的正常心理，科任老师和学生自然也不例外。因此在矛盾发生之后，班主任不要急着辩解或急着指责，而应冷静面对。在尊重科任老师和学生的基础上耐心去了解问题的症结所在。对待学生提出的意见，不要急于批评，而应让他们知道分析原因比相互埋怨更能解决问题。对科任老师提出的问题，班主任更应认真聆听而不是急着辩解。如果能尊重、采纳科任老师提出的正确的合理的建议和意见，并迅速实施，不仅能促进工作，激发他们关心班级工作的热情，同时还能消除原有的种种矛盾，互相配合，同舟共济；如果认为科任老师的意见和建议无足轻重，消极对待，不仅会挫伤其积极性，还会进一步激发原来的矛盾。

二、了解矛盾冲突的经过，引导学生进行换位思考，尊重科任老师的劳动，在理解中化解矛盾

“将心比心”，这是中国的一句俗语，能做到将心比心，任何人之间都能够相互理解，达成共识。班主任一方面自己身体力行与学生角色互换，经常进行换位思考，另外，也可以动员其他科任老师多做此举。

如有一位英语老师多次说到一位女生从不开口讲英语，于是班主任进行了明察暗访，了解到原来这位学生目前是一家三口同住一间房，每晚父母睡在地板上，她缩在床上温习功课，为

了不影响父母休息,她从不出声。班主任将情况告诉英语老师后,他此后便不再埋怨,反而暗暗地想方设法帮助那个女生。

有个班级的学生经常向班主任反映:数学老师个性柔弱,对学生的要求失之以宽。时间一长,便有部分学生对他不够恭敬,在他课上的表现过于随便,甚至出现了一些小冲突。但是,这位数学老师确实很有才华,也很敬业,每年都在各地报刊发表大量文章,然而这些情况,学生并不知道。有一次,这位班主任就在班上读了几篇文章,博得学生一片掌声,在关键时候,班主任告诉他们,文章就是他们的数学老师所写。此后,这位数学老师在学生中威信大增,他的亲和力甚至超过了班主任。

三、做好桥梁,主动沟通,积极协助科任老师处理教学中出现的问题

作为科任老师,在教学中与学生发生冲突,滋味肯定不好受。所以,作为班主任,切忌或袖手旁观,或有意回避;而是要协助科任老师解决教学中出现的问题和遇到的困难。从某种意义上讲,科任老师要解决的问题,就是班务工作中要解决的问题之一。一般来说,对班级的具体情况,班主任要比各科任老师掌握得更全面、更具体些,班主任应主动和各科任老师交换意见。比如新学期刚开始,学生名单、班干部的组成人选、座次的排定、成绩状况……这些内容都要使科任老师心中有数;在平时工作中,对班上发生的新问题、新情况都应及时交流意见,以免引起不必要的差错。同时,班主任应该将科任老师的学习经历、工作经历、教学成果以及人品修养等,先向学生一一介绍,使学生对其产生敬仰、敬

佩之情，因为对于每一个人来说，只有“敬其师才会信其道”。

四、未雨绸缪，注意细节关怀，密切师生关系

在人的一生中，会受到各种各样的关怀，然而最能打动人心、让人永远铭记的却是一些细节。班主任向科任老师了解学生的学习情况，然后在适当场合反馈给学生。当然，这种反馈通常应该是以鼓励为主，先是恰当地表扬某些同学，哪怕就是学业有了一点点进步，或是做出了一件小小的好事，都不妨当众讲给大家听。如有一位班主任在与一位科任老师的聊天中获悉，在该科任老师的课堂上有一位学生特别调皮，喜欢做小动作，屡教不改，但是这位学生的思维比较活跃，经常有些很有创意的想法。于是，该班主任就故意在不经意间向这位同学说了上面的优点，并说明这是从某位老师那里听到的。虽是简单几句话，该生听了却备受鼓舞，也充满感激，于是上课行为日趋规范。

对于老师也是如此。有一个班级，学生对社会课老师很有意见，经常向班主任反映该老师近段时间老是坐着上课。班主任了解到原来这位老师生病了，腰部痛得厉害，但仍坚持上课。班主任在感动之余，把实情告诉学生们，学生在内疚之余同样感动。于是就在这位老师走进教室前，同学们早就全体起立等候，而那讲桌后面也早已摆好了一把藤椅。

总之，当学生与科任老师发生矛盾时，班主任绝不能一推了之，而应主动承担责任，深入了解情况，排除一切干扰，妥善解决问题。如果说做好工作是“任劳”，那么承担责任就是“任怨”了。班主任要有广阔的胸襟，做到“心底无私天地宽”。

我们对自己抱有的信心，将使别人对我们萌生信心的绿芽。

——拉劳士福古

学生自卑怎么办

说起陈敏杰同学,任课的老师无不喊头疼。学习成绩差姑且不说,上课还经常捣蛋,扰乱课堂纪律,影响其他学生的听课。生性顽皮的他,还经常让老师为他操心,因为他时常会闯祸。家长也拿他没办法,遇见老师告状,就一味地教训他,这在一定程度上加剧了他的逆反心理。学习上的落后,使他总感到抬不起头来,有自卑的心理。在这一情况下他有时就故意以违反纪律、出风头的形式来显示他的胆量和所谓的本事,其实他的心理非常矛盾和苦恼。

现代心理学家指出,“情感对人的行动具有动力能力。”其实这种功能一旦运用到“困难”学生的转换工作中,势必起到积极的推进作用。针对此类后进生心理上的表现,可以因材施教。

自信心是促进人走向成功的支撑力，是促使人去探索、去创新、去实践的重要推动力。一件事情的成功与否，成功速度的快慢，与自信心的有无或强弱有着密切关系。强烈的自信心能使学生在完成任务的全过程中始终保持较强的兴趣。因此，要使学生在学习、生活中认真做好每一件事情，培养树立他们相应的自信心是必不可少的。下面就从七个方面谈谈学生自信心的培养。

一、在评价中培养

班主任对学生经常作肯定性的评价，可以激发并强化学生的自信心。但评价时要注意以下几点：

1. 评价要及时。这样易于激起学生成功的体验，从而留下深刻的印象。如校运动会后，班主任及时对取得名次的学生给予表扬，指出他们为班级的荣誉作出了巨大的贡献，使他们有成功感和成就感。

2. 评价要恰如其分，防止遗漏，既不能夸大，也不能缩小，更不要遗漏。如校运动会后，在表扬获奖学生时，也要适当表扬那些虽然没有取得好成绩，但却积极参加学校活动的学生。这样才能使学生对教师的评价产生权威感和信任感，提高评价在培养学生自信心上的作用。

3. 评价要因人而异。对自我评价过高、自信心过强的学生，要采取恰当的方式指出他们存在的问题，并希望他们马上改正的缺点。比如，谈话地点可从办公室改为放学路上，采取聊天的方式等。而对自我评价过低的学生，则要多表扬他们的长处，少提甚至不提他们的短处，使他们保持积极的一面，从而增强自信心。

二、在交往和集体活动中培养

一个人在交往和集体活动中的威信越高，其自信心就越强，反之则自卑。因此，班主任要多鼓励、支持学生正常的交往，让学生在交往中了解自己、发展自己、完善自己。比如，组织学生以小组为单位的学习或社会实践活动，每组选出一名组长，完成任务后再由组长小结。又如，开展歌咏比赛、演讲赛、手工制作、实验操作赛等活动，既可以使组员体现出自己的作用和价值，也能使组长明确自己的能力，增强他们的自信心。

三、在做决定中培养

做事过程中的果断性与坚持性也是自信心的一种重要表现形式。在日常生活中，班主任教师和家长都要为孩子提供独立做决定的机会，而且要督促他们顺利达到自己的目的，在成功中增强自信心。如在有关家务处理上，家长要多听取和采纳孩子的合理建议；在班级管理、班队活动中，班主任要放手让学生自己出主意想办法，如制定班规、确定班队活动内容，先由学生提议，再由班主任把关确定。这对培养学生的自我管理能力、组织能力和自信心都是很重要的。

四、在解难训练中培养

能否勇于面对现实、克服困难，是一个人是否具有自信心的重要标志，因此班主任要经常在生活上、学习上给学生制造一些困难，让其克服。如可以出一些有一定难度但通过努力能够解决的难题让学生做，不过要特别注意难易程度，否则将会打击学生的自信心。

五、在发展特长中培养

一个穷困潦倒的青年，流浪到巴黎，期望父亲的朋友能帮助自己找到一份谋生的差事。“数学精通吗？”父亲的朋友问他。青年摇摇头。“历史，地理怎样？”青年还是摇摇头。“那法律呢？”青年窘迫地垂下头。父亲的朋友接连发问，青年只能摇头告诉对方——自己连丝毫的优点也找不出来。“那你先把住址写下来吧。”青年写下了自己的住址，转身要走，却被父亲的朋友一把拉住了，说：“你的名字写得很漂亮嘛，这就是你的优点啊，你不该只满足找一份糊口的工作。”数年后，青年果然写出享誉世界的经典作品。他就是享誉海内外的法国著名作家大仲马。

谬·詹姆斯说：“每个人都具有在生活中取得成功的能力。每个人天生都具有独特的视、听、触以及思维的方式。每个人都能成为富于思想与创造的人，一个有成就的人，一个成功者。”正因为这样，每个学生都有可能具有一技之长。细心的班主任会注意学生的“独特方式”，一旦发现他的某种特长潜能，就满腔热情地因势利导，运用肯定、鼓励以及创设条件等手段强化它、发展它。当学生意识到自己在某方面比别人强，自己并非事事不如人，不必疑心别人歧视自己时，自信和勇气就油然而生，并逐步走向成功。

六、在丰富知识、提高能力中培养

知识广博、能力强的学生往往比较自信，在教师和同学面前敢说敢做，敢于向困难挑战。班主任必须将学生的自信心与能力培养结合起来,使学生自信心建立在实实在在的基础上。在学校,班主任要注重培养学生各种能力。如快速获取知识的能力,记忆能力,联想能力,善于发现问题、分析问题、解决问题的能力,与人和谐相处的能力等等。这就要求班主任能因人制宜,充分利用教育资源,达到全面发展学生能力的目的。

七、在自我暗示中培养

心理学研究表明,自我暗示有一种神奇的威力,它能控制并指导人的行为,使之按预想的目标活动,最终达到目的。例如,当一个人心情沮丧时,反复在心里默念:“我精神抖擞,心情愉快。”很快就能帮助人从不良情绪中摆脱出来。所以,经常让学生在心里郑重其事地默念一些暗示语,比如,“我一定能学好英语”、“我的语文成绩会越来越好”,考前默念“这次考试一定能考好”等,不仅能够提高学生的学习能力,而且有助于培养学生的自信心。

总之,自信心是学生走向成功的重要精神力量,增强学生的自信心,培养学生的学习兴趣,是学生有效学习的前提。随着时代的发展,教学观念的不断更新和教学方法的改进等,增强学生的自信心、培养学生的学习兴趣的方法和手段也会更加丰富,这就要求班主任教师要不断提高自身专业水平,注意研究学生心理发展的特点,结合教育实践,认真探索,不断积累经验,运用各种合理的方法和手段,激发和培养学生的学习兴趣,调动他们学习的积极性,努力提高教学质量,促进学生的全面、健康发展。

一个人绝对不可在遇到危险的威胁时，背过身去试图逃避。若是这样做，只会使危险加倍。但是如果立刻面对它毫不退缩，危险便会减半。决不要逃避任何事物，决不！

——丘吉尔

学生有考试焦虑症怎么办

小陈是师长认定的“重点大学苗子”，平时考试成绩特别优异，但是最近却出现了很大的滑坡，班主任李老师很是着急，与小陈反复沟通交流了好几次他才了解到，原来这孩子最近患上了考试焦虑症。据小陈说，每当临近考试时他就特别紧张，考前总是辗转反侧难以入眠。考试的时候时还经常出现“短路”的情况，明明觉得很简单的题目，但就是不知道该怎么做。特别是最近几次考试，一走进考场他就开始全身发抖，拿到试卷后很长一段时间脑子里一片空白，以前牢记的知识似乎都忘记了。

考试焦虑症是颇令学生、家长和班主任头疼的心理问题。焦虑是一种情绪状态，表现为程度轻重不一的紧张、不安、害怕、惊恐等。考试焦虑是指学生对考试情境产生的一种紧张、担忧甚至恐惧的心理反应。产生焦虑的原因有主客观两个方面。从客观上说，试题太难，要求过高；从主观上讲，学生自认为应试没有把握或者压力过大，认为考试结果会对自己产生重大后果。

考试焦虑有积极的作用，也有消极的影响。适度的焦虑可以形成一种动力，使自己考前努力学习，在考试中集中精力，从而取得理想成绩。而过度焦虑的往往容易使人产生紧张、忧虑、神经过敏等不良状态，从而干扰考试，导致考试失败。多次失败则容易使人怀疑自己的能力，以致烦躁不安、情绪低落，甚至产生行动迟钝、记忆受阻、思维呆滞等现象。因而，班主任教师应该根据实际情况掌握学生的心理状况，平时注意培养学生的自我调控能力；考前动员要把握住分寸，恰到好处地使之形成适当的焦虑；对考试失败后心理失衡者则要做好心理疏导工作。对学生考试焦虑的心理疏导，班主任可以从以下几方面入手：

一、培养学生正视挫折的能力

现在有很多学生因一次考试失利而导致严重心理失衡，其关键在于他们经不起挫折。这与我国当前的社会发展和教育状况有着直接的关系。由于独生子女家庭在中国所占比重越来越大，从小娇生惯养、备受呵护的"小皇帝"、"小公主"们往往受不起哪怕是轻微的打击，有人称他们的心理为"蛋壳型"心理。因此，要让他们正确对待挫折，了解挫折是人生道路上常会遇到的，是十分正常的事情，虽然挫折会给人带来打击、痛苦，但也能使人奋起、成熟，从中得到锻炼。挫折可能导致一个人奋发图强，也可能导致一个人丧失斗志。强者之所以为强者，获得巨大成功,关键在于他们在遇到挫折时能战胜自我。可以经常给他们讲古今中外学者从挫折中奋起,不屈不挠,终获成功的故事,以此激励学生,培养他们不回避挫折,正视挫折的能力。

二、培养学生自信、乐观的性格

研究表明,影响一个人挫折承受力的最重要因素是人的性格特征。一个人的性格影响着他对挫折的态度和适应性。性格开朗、乐观、自信、坚强的人,对挫折的承受力强;性格孤僻、内向、懦弱、心胸狭窄的人,对挫折的承受力低,往往经不起挫折,在挫折到来时不知所措,失去自我调控的能力。因而,班主任平时要注意培养学生自信、乐观的性格。也可以适当创造条件,让患有考试焦虑症的学生尝试一下成功的喜悦,并对其给予充分肯定和鼓励,以帮助学生树立自信。

三、培养学生调整自己的目标的能力

俗话说:“知人容易知己难。”不能正确认识自己,往往就不能确定适度的目标,这是导致考试失败的原因之一。因而,班主任要培养学生有自知之明的能力,充分了解自我,坦然接受自我,既不过高估计自己,也不自欺欺人贬低自己,从自己的实际出发,确定适度的目标,这是抓住机遇,获得成功的重要前提。偶尔的一次考试失利,一般不能归结为目标不当,而要寻找其他多方面原因。若考试始终达不到预定的目标,教师就应引导学生正确认识自己,确立新的合适的目标。

四、矫正学生的认知方式

心理学家爱丽丝曾说:“人的认识直接影响情绪,错误的或不现实的认识会导致异常的情绪反应,进而产生各种身体和心理病症,如果矫正了认识,就能改善情绪反应并消除焦虑症状。”因此,必须让学生对自我和外界事物有正确的认知方式。认知方式的矫正可以通过下面的途径来实现:首先让学生检查自己的担忧,即将与考试相关的担忧事项排列出来,然后帮助学生对各种担忧进行合理性分析,剔除不合理不必要的担忧,再从反面作危害性分析,最后让学生自己得出正确的反应。

五、让学生学会有意识调控自己的情绪

有关专家在这方面提出了很多原则和方法,可帮助学生掌握以下比较简易、实用的调控方法:

1.“超觉静坐法”,即让学生通过凝视窗外单调景色以达到一种恍惚的清醒状态,产生精神的大放松。

2.“深呼吸法”,让焦虑者通过深呼吸,降低其血压,减慢心跳,从而平静下来。

3.“自我教导法”,即让学生通过内心对话实现自我沟通,以确立正确反应。例如,考试前可让学生对自己反复说:“我知道我能应付这个考试!”或“考试成绩并不重要,我考前已经说了,这才是最重要的”等话语。

做人也要像蜡烛一样，在有限的一生中，有一分热发一分光，给人以光明，给人以温暖。

——萧楚女

如何解决贫困生的困难

马加爵无视国家法律，先后将四名同学残忍地杀害，其犯罪行为社会危害极大，情节特别恶劣，后果特别严重，受到法律的严惩是罪有应得。也许导致马加爵走到这一步的原因有很多方面，但贫困无疑是非常重要的一条。

马加爵只是一个个案，但我们不能忽视贫困现象广泛存在。在一些偏远地区，学生因贫困而辍学是屡见不鲜的事，在经济发达地区的教室里也经常会有贫困的下岗职工和外来务工者的子女出现。我们的党和政府一直都很关注这些孩子，通过希望工程、春蕾计划和助学贷款等方式帮助很多孩子圆了读书梦。但雨露总有洒不到的地方，当班里出现了贫困生，作为班主任应该怎么办呢？

一、轻轻地捧起你的脸，为你把眼泪擦干

有位老师在一篇随笔里写道："石春花是个农村的孩子，家境很差。她的父亲腿有残疾，每天只能在村边的公路旁摆个补鞋摊来维持生计。农村的经济条件很差，补鞋的人很少，所以收入少得可怜。她的母亲患有癫痫，且发作的频率很高，也基本上失去了劳动的能力。这些情况我是在高一开学时，她交给我的一张村里开的请求免交学费的证明上了解到的。证明还说如果不能给她免费，她将无法继续学业。我也从其他的渠道打听了一下，情况是真实的。当我带着证明去找分管校长时，却被委婉地回绝了。分管校长说，他们只能按照规章制度来办，她不符合免费的条件。一面是学校冷冰冰的规章，一面是石春花悲凄凄的面庞。作为班主任的我陷入了两难境地。最后，我回了趟家，拿了我的瘦瘦的存折去了银行又去了学校的交费处。"

学生就是老师的孩子，当学生在经济或其他方面发生困难的时候，作为班主任，应该饱含着极大的同情心和爱心尽最大的努力去帮助他们，就像帮助自己的孩子一样来帮助他们。这是班主任解决贫困生难题的一个最简单、最直接、最有效的方法。

二、请让我来帮助你，就像帮助我自己

"刘刚，给你早饭，这是我妈妈亲自给你买的豆浆和包子。""刘刚，今天中午到我家去吃吧，今天可是我爸下厨，味道绝对错不了！""刘刚，这是我昨天买的辅导资料，我看了很好，我买了两本给你一本吧。"

众人拾柴火焰高，作为贫困生的刘刚，生活在这样一个充满

关爱的班集体里无疑是幸福的。当然这种关爱的氛围是需要班主任来引导和创造的。班主任应让学生团结起来,形成一个班级就是一个家庭的观念,大家都是兄弟姐妹,互相帮助是应该的也是必需的。同学之间不能瞧不起学习困难的,也不能歧视经济条件差的。同时班主任还必须做好接受帮助的贫困生的思想工作,不要让他背上思想包袱,避免他的自尊心受到伤害。如果班主任处理好的话,这不仅能解决贫困学生的生活困难,而且还能增强班级的凝聚力。

三、不能没有你,是我唯一的语言

“一路询问,终于找到了小莫的家。站在他家门口我愕然了:两间草棚,门缝可以钻进去一只小狗,两张临时搭起来的床上只有两条薄得不能再薄的破被子,小方桌上一个菜盆里还剩着一点青菜,回头一看,那北方式的水井孤独的站立在东侧,这是他的家吗?”

“正是这样一个要强的孩子,他的家境很难支撑起他读中学的费用,我担心他到了中学怎么办?很凑巧,教育局准备下一年为特困生特地办一所免费学校。于是我立刻向校长申请,我们的校长真的是一个好校长,他笑着指指办公桌的校签说:你看,我正准备向局里申请呢!”

上面的文字是一位小学老师的一篇文章中的两段。这位老师在这里告诉了我们一个解决贫困生困难的好方法——依靠组织、依靠集体。个人的力量是有限的,集体的力量是巨大的。要想真正解决班级里贫困生的困难必须依靠组织、依靠集体。作为班主任应该积极主动地和学校进行沟通，努力促使学校的规章制度更人性化，使每一个需要帮助的学生都能得到帮助。

四、我们是一家人，相亲相爱的一家人

对贫困生的帮助，不能仅仅局限于校园内部。作为班主任还应该充分调动各种资源，利用社会力量来帮助贫困生。比如，和街道、小区等单位取得联系，从他们那里争取一些适合学生做的短期或长期的工作，让贫困的学生通过劳动来改变自己的生活状况。当然，对一些时间要求比较紧的工作，班主任可以带领全体同学在休息时间来帮助他完成工作。这样同学们还多了一次社会实践的机会。再比如，可以仿照现在很多体育赛事贯名的模式，找一些名称适合的企业让他们来赞助班里的贫困生。在班里可以成立以企业名命名的“××班”、“××兴趣小组”、“××文学社”等等。因为我们整个社会就是一个大家庭，在这个大家庭里我们一定会相亲相爱的。

贫困是一个社会问题，彻底解决贫困要靠政府和全社会的努力。但作为班主任应该积极思考，尽最大努力来帮助班里的贫困生，不要让贫困成为他们前进道路上无法逾越的鸿沟，不要让贫困误了他们本应灿烂的一生。我们有理由相信：只要人人都献出一点爱，世界将变成美好的未来。

第三编

建设绚丽多彩的班集体

培养学生的集体主义观念、集体主义荣誉感是班主任的首要任务。在班集体中，学生自己管理自己，认识自己，提高自己，每个学生都是班级的主人。这样不仅使每个学生从中得到磨炼，而且可以发挥自身的潜能，表现出主人翁的责任感，为班级的建设出谋划策，积极参与实践活动，在班集体中快乐成长。

纪律是集体的面貌，集体的声音，集体的动作，集体的表情，集体的信念。

——马卡连柯

如何建立良好的班风

班级是学校教育、教学活动的基本组织形式，班级也是联系社会、家庭的桥梁。班级的发展情况，直接影响到班内每个学生的学习、生活以至个性的发展，因此如何提高学生的素质，创建良好班集体是摆在各位班主任面前的重要问题之一。根据教育学、心理学的有关原理，在学校“素质个性化”教育实验思想理论的指导下，在创建良好班级的过程中，应该采取以下措施和办法了树立起良好的班风。

一、确立与学生个性发展相适应的班集体奋斗目标

目标是集体的发展方向和动力。培养集体，首先要使集体明确奋斗目标。一个班的学生，不是一群孩子的偶然汇合，而是

按一定的教育目的、教学计划和教育要求组织起来的学生群体。但是,一个班的学生群体还不能称为真正的班集体。因为,由群体发展为班集体有一个培养与提高的过程,集体是群体发展的高级阶段。一个真正的班集体必须有明确的奋斗目标,健全的组织系统,严格的规章制度与纪律,强有力的领导核心,正确的舆论和优良的作风与传统,它才能正常发挥整体功能,才能有计划地开展各种教育活动,不断总结经验,使集体不断自我提高,并自我完善和不断前进。如班主任吴老师根据小学高年级的学生其独立生活评价迅速发展的特点,结合班内的实际情况,拟定了班级工作计划——“运用青少年心理学,创建良好的班集体为远期奋斗目标”。并与同学们一道,定出各学期的子目标:本学期的子目标为“心中有他人,从我做起,从现在做起”;下学期的子目标为“争做优秀班集体,变他律为自律”。

二、言传身教,做学生的良师益友

“其身正,不令而行;其身不正,虽令不从。”在师生交往的过程中,教师在道德品质方面的模范和表率作用更具十分突出的教育意义,它不仅能使学生深受其潜移默化的影响而获得优良品质的熏陶,而且能为学生直接树立效法和模仿良好品行的榜样,从而使“言教”能产生真正的教学效果。只有学生从教师自身的高尚操守和优秀品行中看到真善美的东西,才会对教师产生积极的情感,为师生情感交融创造最有利的情感基础。

班主任教师应以认真为准则,时时、事事、处处为人师表,要求学生做到的,首先自己先做到。

1. 教学工作中，班主任应走在时间的前面，利用寒暑两假提前备好课，不但备本册，而且联系前册，后册，并刻苦钻研教材、教法。还要根据学生不同的学习层次，在构建自主、合作、创新的课堂教学模式中，大胆探讨新的学法，精讲多练，形式多样，着眼于少时间、高绩效，充分地调动学生的学习积极性。这样，学生的学习成绩才能有明显的进步，班主任也能得到了学生的赞叹和学生家长的尊重、信任。正如一位学生在一篇文章中写道："冯老师那生动的课堂语言，就像一架永不生锈的播种机，不断地在我们幼小的心田里播下了闪光的知识的种子。她的声音很美，且极富韵律感，像是从高处滴落下来的水声，平时觉得最枯燥乏味的词句，从他的嘴里说出来时都像长了翅膀的小鸟一样，不经意间就飞进了我们的心田。"

2. 班务工作中，班主任一方面要充分利用班会活动课，有机地向学生进行集体主义的教育，使他们明白集体的力量是无穷的。并使他们懂得：我们每一个人生活在一个集休里，就必须时时、事事、处处想到别人，遇到矛盾，多从他人的角度着想，善于理解和尊重他人。一个人，只有关心集体，助人为乐，生活才能有意义。另一方面，班主任还应身先士卒，不放过任何一个可教育的机会，为学生们分析不良言行所带来的后果，引导大家多发扬集体主义精神。

三、因材施教，注意培养学生良好的习惯

好习惯，是孩子头顶的曙光，从小养成好习惯，是为孩子的将来打基础。好习惯对孩子终身有益，坏习惯对孩子终身有害。

这就需要教师培养学生良好的行为习惯。

1. 教学工作中，注意建立民主平等的师生关系，以促进学生良好学习习惯的养成。在教学过程中师生共同探讨，互相学习、互相促进。教育家指出："想象力是孩子飞向成功的翅膀，即使孩子的想象不够合理，大人也应及时引导、鼓励，不应随便视为错误加以否定。"

2. 教学管理中，注意保护学生的自尊心，以促进学生良好行为习惯的养成。班主任在处理学生违纪行为时，稍有不慎，就会伤害学生自尊心，引起消极反应，既削弱教育效果，又影响师生的感情，因此要特别注意教育的方式和方法。

四、让学生树立正确的是非观念

学生一般处于"道德"的朦胧期，"是"与"非"，"对"与"错"的概念还不是十分清楚，有时，为了一己私利，会做出严重伤害别人的事。所以，班主任要"导其言，修其行，正其心"。通过强化《中小学生守则》、《中小学生行为规范》，再联系班级实际，制定班级公约，并以此为准绳，规范学生的养成教育。此外，还要利用晨会、课余时间，经常与学生进行个别或集体谈话，内容涉及爱国主义、集体主义、英雄主义、遵纪守法、安全教育等，同时结合国际国内形势来指导班级工作，如在全国上下学习社会主义荣辱观时，针对班级实际，让学生自己写荣辱歌，然后制定出切合班级实际的班级荣辱歌，既要求会背，又要求贯穿到平时的言行中，做到荣进耻退。

五、结合学生实际,及时加强对学生的评价

对照班级公约,每人发一个考核记录本,对成绩进步、好人好事、文明礼仪等方面突出的予以加分,对四项竞赛表现差的、违规违纪、成绩退步、班级活动不积极等予以扣分。一个月统计下来,好的颁发奖状和奖品;差的通过谈话进行教育,并寻找原因,及时与家长沟通,共同协商解决。

六、重视主题班会与主题活动的开展

主题班会与主题活动能让学生的灵魂和思想得到深刻的洗礼。班会主题可以根据社会影响、学生思想动向以及偶发事件拟定。如针对某些学生感恩缺失、个人主义思想严重的现象,班主任加强感恩教育,使学生懂得,每个人都应常怀感恩之心,在学习和生活中,无论怎样都要找到感恩的理由,找到可以感恩的人。只有学会感恩他人,你才可能成为被感恩的人;只有感恩他人,你才会感动自己。此外,还应进行一些激励学生好好学习、正确对待金钱、讲究卫生、预防疾病的活动。

七、正确引导班级舆论

班主任可根据自身所带学科的实际情况,大力挖掘教材的思想性和教育性,对学生进行及时教育,同时可以运用黑板报、宣传窗、手抄报、广播站、荣誉角等宣扬好人好事、学习先进、礼仪标兵等,充分调动学生的进取性,形成人人争先进,各个拿优秀的好风尚。

八、经常反思，不断自省，把平凡的小事做好

正确的舆论不仅仅是一种无形的外部力量，更是学生进步的内在动力。因此，在日常学习生活中班主任应以“勿以善小而不为，勿以恶小而为之”来要求学生，引导他们“在校做个好学生，在家做个好孩子，在社会上做个好公民”。每学期，都要倡议本班学生多做好事，如尊敬老师、孝敬父母、关爱他人等。定时的还可以让学生进行反思，通过对各种问题的不断反复权衡，把正确的思想转化为个体的内在需要和自觉行动。在学校和班级开展的各类活动中，学生会有截然不同的两种态度，可以组织学生展开讨论，表扬积极热心为班级做事的学生，对一味抱怨不愿参加集体活动的学生则展开谈话教育，使他们意识到班级的荣誉不是一个人的事情，而是靠大家共同的努力形成的，这样能够让一批无视集体活动的学生通过反思，树立正确的行为导向。

竭力履行你的义务，你应该就会知道，你到底有多大价值。
——列夫·托尔斯泰

如何培养好班干部

班主任要把几十名条件不同、性格各异的学生组织起来形成一个坚强、向上的班集体，必须有一个坚强的核心，这个核心就是一批团结在班主任周围的得力的班干部，没有这个核心，班级只能是一盘散沙。其结果必然是活动开展不起来，不良风气在班内滋生，班主任陷入琐事和烦恼的纠缠之中。因此，能否建立优良的班风，在很大程度上取决于班主任能否培养出一支优良的班干部，取决于班主任能否对班干部进行科学的管理和使用。

一、做好班干部的选拔工作，合理分工，各尽其职

班干部在班集体建设中起着举足轻重的作用。班干部的以

身作则、勤奋好学、尽责爱班，是给予班主任最大的支持和帮助，对全班同学也起着示范和引领的作用。因此，班干部的选拔和培养直接关系到班级的日常管理和班集体的建设。

（一）深入了解，民主选举

班主任要慎重对待班干部的选拔工作，尤其是主要干部，绝对不能草率从事，要精心选择。一个班级在刚开始组建时，如果同学间不是很熟悉，可以由班主任指任临时班干部，以使班级能正常运转。一般来讲，也应进行简单考察，而且临时负责人不易太多，以免日后想进行调整时，影响到临时班干部的情绪。待同学们熟悉后，可以在班主任的指导下，进行民主选举，这样选出的班干部才会得到同学们的支持。如果同学们之间很熟悉，则可以直接进行民主选举产生班干部。另外，班干部的配备还要注意把那些思想素质好、作风正派、工作主动热情、工作能力强、学习目的明确、学习成绩优良、在学生中有一定威信并有创新意识的学生选拔到班干部队伍中来，同时兼顾那些虽然学习成绩不好，但组织能力强，有道德感和正义感的学生。

（二）进行合理的分工，职责明确到人，充分调动班干部工作的主动性

1. 实行目标管理，责任分工到人。新学期开始时，班主任要具体了解班级的实际情况，介绍本学期对班级工作的设想，让同学们讨论，然后召开班干部会议，搜集同学们的好建议来确定班级工作计划和各项奋斗目标。此后，再明确安排班中班长、副班长、各委员、组长、科代表等人的具体职责和所要达到的目标。

让每一位班干部深知自己身上所负的责任。

2. 实行系统管理，做到既分工又合作。所谓“系统”，是指由一个共同目标联合起来的许多互相依赖的要素组成的有机整体。系统管理就是要对各个环节实行有效控制、监督和调节，从而取得最佳的管理效果。因此，班主任要让每位班干部时刻都要把自己看作是一位普通同学，班级管理工作分工不分家，既分工又合作，人人都要爱班如家。这里说到的分工有几层意思：一是每天所有的都有事务一人管理；一是分工管理各项工作。可根据具体情况因班制宜的采取措施，一般情况下多采取后一种方式，就是让每个班干部管理好自己的那一项工作。如管理眼保健操的只管理眼保健操，管理卫生工作的就管理班级卫生的打扫情况等等。

同时，应在班干部中专门设立一名纪检委员，由班干部以外的学生来担任，负责检查班级各部门工作情况，及时向班主任汇报，提出解决问题的办法。通过促进班级管理工作的协调、健康发展，有效地增强了班干部工作的主动性，显示了班集体的凝聚力，使班级管理更富有成效。

二、给予指导，放手管理

在选好班干部的同时，也要对班干部进行各种各样的培训，以使各个班干部都能较快地适应自己的角色。可以让班干部多参加由政教处或团委组织的统一培训，进行必要的理论学习以及处理班级问题的一些有效方法。同时，班主任也要定期召开班干部会议，对班干部进行适当的指导。如怎样处理与其他同学的矛盾、怎样处理班级事务、怎样处理班干部工作与学习之间的关系等等，更重要的是要让学生在实践中接受锻炼，让他们通过摸索，积累工作经验。

班主任既然赋予了班干部权力，就应该放手让他们去管理班级事务，培养他们自治、自理和自立的能力。如班级日常工作安排、班务日记的填写、代表值周同学上台总结发言以及团队活动等工作均可由班干部管理或主持，发挥他们在班级管理中的主体作用。班主任的工作则主要放在了解情况、及时点拨和指导上，起主导作用。有句俗话说“勤劳的教师教出懒学生”。有时仔细想想，这其中还不乏有其高明之处。但是，对于刚刚培养出来的班干部也不宜过早地放手，还应该在班主任的指导下，适应一段时间。

三、注意细节，完善制度管理

（一）正确处理班干部的违纪行为，端正班干部的服务意识

正确处理班干部的违纪行为，关系到班干部的工作热情及班主任对班级的管理。许多班主任对待班干部犯错误会出现过松或过严的现象，容易走向两个极端。其实，班主任需要以一种正常的心态来面对班干部的违纪问题。班干部首先是一个学生，所以在某些时候可能也会犯一些错误。有些班主任一看到班干部犯错误，就感到不可理解，以至于对班干部进行最严重的处理，甚至不惜免除班干部职务，这样不仅起不到教育效果，还会使其他班干部感到心灰意冷。也有一些班主任看到班干部违纪就网开一面，只看到班干部闪光的一面，而忽视了对班干部的

教育。长期这样下去,只会助长歪风邪气。

要端正班干部的服务意识,防止他们妄自尊大思想的产生。首先,在思想上,要让学生摒弃"官本位"意识。在班级管理中多设管理岗位,发挥学生的优点和长处,让学生们轮流"当官",培养他们的服务意识和集体荣誉感,让他们真正认识到,班干部所要承担的更多的是一种义务和责任,其核心的内涵是"服务"。学生们在管理班级的过程中,体验的不是管人的乐趣和权力的满足,而是发挥自己才能的欣慰,自身价值的实现以及帮助他人的愉悦,只有这种心理状态才是健康的。其次,加强对班干部的培养,让他们都能成为出色的组织家,因为教育不仅仅是为了让学生学习接受知识,更重要的培养学生各个方面的实际综合能力。在校园里,学生们只有学会了尊重、关爱与平等,等到他们正真融入了社会以后,才能成为一个高尚的对社会和他人有用的人,才能实现自己的人生价值。

(二)做好班干部的心理调适工作,协调好班干部与同学之间的关系

应该说班干部比其他同学承受了更多的心理压力。他们一方面担心学习不好,会影响到自己在同学心目中的位置,从而使自己在开展工作时比较被动。另外,他们也担心班级工作没做好,会有来自于班主任的批评与全班同学的不信任。所以,班干部的心理压力比一般同学要大得多,班主任要经常多找他们谈心,了解他们在学习和工作上有哪些难处,适时地进行一些心理疏导,以便班干部能在抓住学习的同时进一步地做好班级管理

工作。同时,要及时地处理好班干部反映的情况,提高班干部的工作热情。班干部在班的时间较长,与同学们的接触较多,最容易了解到班级中出现的问题。对于从班干部了解到的班级中的一些情况,班主任首先要进行调查与了解,进一步进行核实,然后再有针对性的进行处理。有些班主任性子比较急,刚从班干部那了解到情况,还没有经过调查核实,便对有关同学进行处理,很容造成班干部与同学之间的隔阂与矛盾。

(三)建立合理的考核机制

主要是指对班干部处理班级事务的能力、自己的学习状态、与其他同学交往能力等方面进行必要的考核。可以对班干部进行民意测验,同一般学生进行交谈了解情况等。一段时间后,应对不能继续胜任班干部工作的同学进行适当的调整。

一个优秀的班集体,不仅需要一个优秀的班主任,更需要有一支优秀的班干部队伍,所以班主任如果都能管理好班干部这一支队伍,相信会使你的工作倍感轻松。同时希望上述的建议能对每一位班主任有所启迪与帮助。

人人丢纸，垃圾一片；人人拣纸，一尘不染。

——格言

如何抓好班级日常卫生工作

班级卫生是许多新班主任碰到的问题，这个问题说大不大，说小也不小。说它不大，是因为有些学生尽管卫生习惯不佳，学习成绩却很好，在重视学习分数的大环境下，卫生问题不是主要矛盾；说它不小，是因为班级卫生的确反映了一个班级的精神面貌，有些班级卫生极差，脏得几乎像垃圾场一般，很难想象在这样的环境下学生会心情舒畅地学习，班集体的凝聚力自然也不会很强。

以卫生成绩的优劣来评定一个班级，甚至以一分之差就定乾坤，固然是不妥当的。但是，环境卫生确是一个班集体整体风貌的一面镜子，它与班集体的建设紧密相连。搞好环境卫生，既是对学生进行科学卫生知识教育、培养良好卫生习惯的重要工作，也是培养学生良好思想品德的一个途径。下面我们主要谈几点行之有效的具体方法。

一、班主任教师以身作则

打扫卫生听起来是一件小工作，但要天天坚持做好，保持教室整洁也是件不容易的事。这么多学生共同生活在几十平方米的教室里，大家必须有良好的卫生意识，否则值日生做得再好也无济于事，所以班主任教师平时自己必需首先以身作则，为学生们树立一个良好的学习榜样。

有一位班主任这样介绍他的经验：“初入学时，班里乱七八糟，纸屑、脏物随地可见，但孩子们熟视无睹。我决定以自身为表率，养成孩子的好习惯。课间我走进教室，看见地上有纸屑，周围的学生却没注意到，我就会弯下腰，把纸屑捡起来，并与学生说话，吸引他们的注意力，在他们的注视下把纸屑扔到纸篓中。开始学生们还无动于衷，但渐渐地他们有了反应，到后来他们看到我捡纸屑就会拥上来，主动接过我手上的纸屑，并说：‘老师，让我来。’后来，随手拣起地上的脏物渐渐成了他们的习惯。”可见，教师身教的力量是巨大的，班主任一定要养成一进教室先关注班级卫生的好习惯，这样才能逐渐带动全班同学。

二、任用称职的班干部

有些学生天生热爱劳动，有精力、有能量，也非常愿意为集体服务。任用这样的同学做劳动委员或卫生委员，班主任的工作会减轻大半。这样的学生会把班级卫生工作当成自己的事情来做，一旦发现值日生有疏漏的地方，他会亲自动手，把疏漏的地方打扫干净。反之,如果班干部不负责任,班级卫生工作的效率自然会大打折扣,班主任也会疲于应付。

三、责任到人,奖勤罚懒

比如,有的班主任要求学生每人带一块布、一个小桶来校,每个学生负责自己的座位,实行位前三包。这样老师既省力,学生的劳动能力也得到了锻炼。还有的班主任搞卫生委员负责制,抓卫生不是抓全班,而是只抓卫生委员一个人。只要班级卫生差了,就找他,并且教给卫生委员办法:不要只是自己去捡,要责任下放——把教室分成几个区域,再责任到小队长,小队长再责任到小组长,小组长再责任到每个组员。对于表现好的小组或个人,在班级里进行奖励,树立典型或榜样;对于表现不佳者,要根据事先制订出的规定给予处罚。

四、广泛"封官"

有些班主任善于调动学生积极性,他们给学生"加官晋爵",如窗户长——负责每天擦窗户,走廊长——每天拖走廊,黑板长——每天擦黑板,门长——每天擦门,讲台长——每天整理讲台……同样是搞卫生,但是换了一种思路,效果完全不一样。多了一个称号,学生或许会变被动为主动,做值日也有了荣誉感。

五、男女搭配

有一些班主任在安排值日生的时候,会有意识地把男女同学进行搭配。班级卫生工作虽重,但人数多效果不一定就好,三四个人其实就足够了。有人尝试过两男两女或两男一女的值日生搭配方案,效果都很不错。

以上方法都还算是常规方法,但是不同的人使用它会产生不同的效果。著名特级教师贾志敏老师有一次在班级里这样说:“同学们,我昨天在教室走廊上发现了一架纸飞机,这飞机的驾驶员大概工作忙,忘了把它开回家了。我想飞机一定很伤心,同学们如果你们将来长大后真的把飞机开丢了,那会是什么后果啊……”这番话像是在讲童话,但正是这种儿童最易于接受的教育方式,让那个随意丢弃纸屑的同学羞愧得无地自容,主动地向老师承认了错误。

班级卫生工作是没有止境的。制度性的约束虽然也能收到效果,但是发挥学生的主观能动性才是根本。有这样一个例子,班主任钟老师对班级卫生不满意,偶然有一次打破常规,问谁愿意今晚留下来做值日为大家服务,然后在举手的学生中选择三四名学生。结果,这几名学生把教室打扫得非常干净。仔细思考一下原因所在,原来举手做值日是主动的、自发的,而根据安排轮流做值日是被动的、被迫的。靠班主任一己之力,是很难做好班级卫生工作的,所以充分发动学生才是出路。从这个角度说,班级的民主管理就显得尤为重要了。如果学生全面参与班级事务的管理,每一个学生都是主人翁,都把班级当成自己的“家”,他又怎么会把“家”的卫生弄得一塌糊涂呢?

教育了集体，团结了集体，加强了集体，以后，集体自身就能成为很大的教育力量了，集体的自身的力量就是班级的凝聚力，有了这种凝聚力，就会陶冶每个学生的思想、作风品行，带动班级每个成员前进。

——马卡连柯

如何有效增强班级凝聚力

班集体是在共同的教育目标指引下组织起来的从事共同学习活动，有较强心理凝聚力的群体。它是学校进行教育教学的基本单位，是促进学生进行自我教育的基础，是发展学生个性特长、培养学生全面发展的重要因素。班集体的组成，主要靠班主任的组织、领导，要使班级中几十个个性、气质各异的学生形成一个有统一意志、统一目标的优秀整体，不是一朝一夕所能达到的，这需要班主任的精心培育。通过多种教育形式，组织丰富多彩的教育活动去感染启迪学生，在潜移默化的教育中形成集体的教育作用。那么如何有效增强班级的凝聚力呢？作为一班的灵魂人物，班主任应该从以下几点着手：

一、建立强有力的班委领导班子

一个成功的班集体，除了要有一名优秀的班主任外，还必须有一支能干的班干部队伍。班干部作为联系班主任与学生的桥梁，作为班主任的助手，他们工作能力的高低、工作方法的对错、在同学中威信的高低，往往能够决定一个班级的精神面貌与风气。所以，开学伊始，就要了解学生的入学材料，进行仔细地研读。初步掌握了哪些学生学习比较好，哪些学生工作能力比较强，哪些学生比较活泼，哪些学生比较腼腆，对学生的情况有一个大致的了解。而通过听他们的自我介绍，对学生有了个更进一步的了解。最后根据自己所掌握的情况从中选用出学习较好，工作能力比较强的学生作为临时班委，并明确给他们交代任务，提出希望。只要准备充分，了解深入，所选出的临时班委在开学这段时间定会起到不可估量的作用。班级的各项工作必将逐渐走上正轨，井然有序，而他们也必会成为班级的中坚力量。

选出了班委，就应十分注意发挥他们各自的才能去组织和管理班级同学的学习与生活。应大胆放权给他们，发挥他们的主观能动性与工作的积极性，使他们有一个宽松的工作环境，使他们真正成为班主任的得力助手与班级的中坚，而不是成为班主任与学生之间传话筒。班干部的工作责任心加强了，各项工作才能开展得井井有条。班干部将会从“班主任要我做”变为“我要班主任指导着做”，积极性、主动性大大提高。当然，对一些必须由班主任解决的事情，班主任必须亲自解决，而不能将一切重担全部工作都一股脑儿地推给班干部，对他们提出过高的要求，使班干部的工作处于被动地位，影响了他们工作的积极性，不利于班级凝聚力的形成。

二、认真对待每一位学生

班级凝聚力的形成和保持，既要求班主任做大量细致的工作，也要求班级成员积极配合，形成合力。作为“一家之长”，班主任应该关心这一集体，爱护这一家庭中的每一位成员。真正地从内心关爱他们，使他们感觉到老师真心的爱护，体会到集体大家庭的温暖。从而使得班集体真正成为团结向上，充满温暖与爱意的集体，有极强凝聚力的集体。

班主任爱学生，首先必须尊重学生。尊重学生要以信任学生和理解学生为前提。能将学生看作是一个平等的对象来看待。古人韩愈就有“弟子不必不如师，师不必贤于弟子，闻道有先后，术业有专攻，如是而已”的说法。班主任不要以老师自居，动辄就训斥、挖苦、讽刺学生。人都是有自尊的，老师要像保护自己的眼睛一样保护学生的自尊心。对学生要公平，一视同仁，不能因为学生成绩的好坏、相貌的美丑、经济条件的优劣而对学生另眼相看。对学生要始终表现出关注和热情，巧妙地对学生进行奖励和批评。这样同学们就会觉得在这个集体中有温暖、有希望，从而更加热爱这个集体。

班主任爱护班级，关心学生不应表现在语言上，更重要的要落实到行动上。从小事做起，从点滴做起，使学生每时每刻都能感受到班主任的关心与爱护。学生生病，班主任轻轻关心几句，并为之送去药片，学生心中定会无比地感动。只要班主任能真情付出，学生必然会真情相报。班主任与学生之间有了真情、真爱，班级的凝聚力自然会提到提升。

三、为班级树立共同的目标

有没有共同目标，共同目标的好坏，都能影响到班级凝聚力的形成。一个集体如果明确了自己的奋斗目标，集体成员就会为了这个共同的目标而努力，大家心往一处想，劲往一处使，在共同的集体奋斗中，集体主义意识得到强化。如果没有一个共同的集体奋斗目标，等于前进没有方向，就不可能把学生的心牢牢聚在一起。所以，为集体确立目标是必须的。但要注意确立的目标必须是具体的、符合实际的，而且经过集体成员的努力是可以实现，不能搞那种太空、太大的目标。太空了学生们没有兴趣，太大了又超出他们的能力，一旦奋斗目标不能实现，就会使学生产生严重的消极情绪，动摇对集体的信心。共同目标是通过个体目标的实现而实现的。个体目标与个体现状的差异体现了学生发展与追求的差异。集体目标源于个体目标，又高于个体目标。两者的差异又会诱导学生产生新的追求与需要，调整设置新的目标。所以，确立目标应结合实际，循序渐进，从短时间内就能实现的目标开始。

班风也称个体人格的集体化，在一个有着良好班风的集体中生活与学习的学生，自然会有一种优越感和自豪感。班风越好，同学们个体目标完善的需要就越迫切，他们会为维护集体荣誉，完善与发展集体而自觉地奋发努力。班风是无形的力量，它影响着集体成员，使他们向着更高的目标前进。

四、多组织一些有意义的班集体活动

在班级中精心组织一些必要的有特色的活动，能够使学生身心愉快，充分享受大家庭的温暖。从而更加热爱这一集体，就能以更轻松的心情投入到学习和生活去。我国早期教育史上就有组织学生课余活动的记载。《学记》记载："时教必有正业，退息必有居学"，并提出"故君子之于学也，藏焉，修焉，息焉，游焉。夫然，故安其学而亲其师，乐其友而信其道，故以虽离步辅而不及也。"要求学生学习与游憩相融合。这样才会使学生感到学习生活愉快，从而亲其师，乐其友，达到信其道坚定不移的目的。可见精心组织必要的活动是多么的重要。

班级活动形式多种多样，包括教育活动、教学活动、文娱活动等，开展时必须要有个整体的计划。应针对学生的特点，精心设计和安排活动，并且通过同学们的精心组织与准备，最后顺利开展。提醒他们在注重知识的同时，也要发展多方面的才能，使得同学们真正做到知能并重、一专多能。

一系列的活动为学生之间架起了桥梁，密切了师生、同学之间的关系，使他们由相识到相知、相容、相助、相亲、相爱。使他们互相理解，互相关怀，增进了友谊，增强了合作意识。另外这些活动也为同学们提供了舞台，提供了赛场，使他们能公平、合理、适度地竞争，激发了他们拼搏向上的精神。在活动中使得学生能当家作主，他们的人格得到了尊重，他们的参与意识，主人公意识得到了加强，从而增强了班级的凝聚力。

五、树立正确的集体舆论

舆论是指在一个集体中大家所形成的普遍的认识，对某一类事情的共同认定。正确的舆论对集体的良好形成具有很大的促进作用。经常组织学生评论周围发生的事情，既评论好事，也评论坏事，让他们明辨是非。

此外，班主任高尚的人格魅力也是增强班级凝聚力的一个重要方面。班主任不仅要像韩愈在《师说》里说的“传道、授业、解惑”，还应该具有崇高的人格魅力。渊博的知识，深厚的艺术修养，做得正、行得直的作风，都能使得自己在学生中树立威信，使得学生能尊重你、支持你，主动地聚集在你的周围，“拧成一股绳、劲往一处使”。班主任也才能在教育中做到“随风潜入夜，润物细无声”的效果。增强班级的凝聚力，说起来容易，做起来难。只要我们广大班主任能勇于开拓创新，不断地总结经验，改进工作，相信一定会建立一个生机勃勃的集体，一个团结向上的集体，一个具有凝聚力的集体。

要解放孩子的头脑、双手、脚、空间、时间，使他们充分得到自由的生活，从自由的生活中得到真正的教育。

——陶行知

如何开展综合实践活动

随着新课程改革的逐步实施，越来越多的班主任认识到，应该在班级中积极开展综合实践活动。因为，综合实践活动可以使社会的期望与素质教育的目标要求内化为班级成员的价值目标，可以把学生逐渐培养成为具有远大理想，具有崇高的社会主义道德，具有创新精神和实践能力的社会主义新人。

那么，开展综合实践会不会影响学生的学习成绩呢？回答是否定的。因为，丰富多彩的综合实践活动，可以诱发学生产生良好的角色体验，真正发挥他们的积极性和创造性，使一些学习成绩平平，却具有特长的学生摆脱压抑感，充分发挥他们的潜能。在应试教育的束缚下，衡量一个学生和一个班级的好坏都仅仅停留在学习成绩上。其实，只抓课堂教学，学生也未必能够考个好分数。应试教育使荣誉只落在少数尖子生身上,绝大多数学生的情感受到了冷落,优势难以发挥,才华不能显露。综合实践活动和学习是协调一致的,不存在谁拉谁的后腿的问题。班主任只要正确认识综合实践活动的育人功能,掌握综合实践活动教育的基本途径,协调好综合实践活动与学习的内在联系,就可以使学生真正成为学习的主人。

那么综合实践活动的育人功能主要体现在哪些方面呢?

第一,综合实践活动可以提高学生的思想品德意识。培养青少年具有良好的思想品德是提高学生素质的首要任务,是教师的根本任务。学生的其他方面突出,但不具备良好的思想品德,那就是次品,甚至是废品。当今的青少年知识面广,积极上进,兴趣广泛,喜欢参加各种活动来展示自己的才华。多渠道、多形式地开展丰富多彩的综合实践活动,可以把思想品德教育落到实处,培养学生良好的道德品性,不断提高学生的审美情趣和欣赏水平,从而提高学生的整体素质水平。

第二,综合实践活动可以提高学生的综合能力。综合实践活动教育与学科教学传授的显著区别在于它的实践性。课堂学习可以培养学生的智力,但只靠课堂教学来培养学生是远远不够的,丰富多彩的班集体活动是不可或缺的辅助力量。它给每一个学生提供更多的学习、实践和创造的机会。在实践性较强的活动中,青少年的兴趣、爱好、禀赋、特长得到了充分的发挥和提高,尤其是对“困难”学生具有特殊的催化作用。通过活动,他们的兴趣、爱好被激活、被唤醒,成为某些方面的佼佼者,树立了信心,提高了综合实践能力。

第三，综合实践活动可以促进学生身心的全面健康发展。世界卫生组织对“健康”一词的定义是：不但没有躯体上的缺陷，还要有完整的生理、心理状况和社会适应能力。现在的孩子大多数是独生子女，加之现在人们居住的大多数是单元房，这些主、客观因素的变化使得学生在社会、家庭中基本处于一种半封闭的状态。学校、家长常常为了追求升学率和分数而剥夺了学生的课余时间，使学生越来越封闭。而综合实践活动的开展可以使学生在一个动态的群体中互助合作，取长补短，共同发展，从而改变学生自我封闭的状态，促进他们健康心态和良好学习习惯的形成。正如前苏联心理学家列昂节夫所说：“个性也和人的意识一样，产生于活动。”从这个意义上说，综合实践活动对学生身心的健康发展、人格的不断完善具有重要的促进作用。

由此可见，综合实践活动在教育教学上存在着巨大的教育力量。那么，在开展活动中要做到既不影响学习，又达到教育学生的目的，应该注意哪些方面呢？

1. 综合实践活动要体现主题性。综合实践活动的开展不受教材的限制，随意性比较大，而且内容往往是跨学科的。因此，选择学生身边感兴趣的话题来形成活动主题不失为良策。每一次活动主题都从学生兴趣出发，由学生的学习和生活中产生，而切入口小的主题更容易实施。如在班级中组织开展“做合格中学生”活动，先让学生在校内校外观察，然后对照自己，最后在班里召开汇报会。让学生说说哪些行为是不好的，自己身上还存在哪些不足。当有些学生迷上游戏厅、网吧，上课不认真听讲、无心学习时，班主任应及时开展“远离网吧”的主题活动，一方面教育学生要学会控制自己,另一方面要让学生认真学习计算机知识,敢于挑战,战胜自我,勇于创新。

2.综合实践活动要体现知识性。知识性活动的特点是知识性强,寓教于乐,是课堂教学活动的延伸,其目的是在动手动脑的活动中开发学生智力,提高学生分析问题、解决问题的能力。如结合法制教育,开展有关法律常识的知识竞赛等等。

3.综合实践活动要体现自主性。在活动中坚持自主性,可以充分调动学生的积极性,有力地促进学生的个性特长的发展和智慧潜能的发挥,其目的是既满足学生的自豪感和成就感,又使他们有了自信心、责任感和进取心,提高了学生的动手能力。日本教育家片冈德雄指出:“把成长和学习作为最大目标是班级组织管理的第一种方式,是让班级的全体学生,在自己的集体中各自获得一个适当的分工,分担一个角色。也就是说,让他处在一个能发挥作用的位置上。”

开展丰富的综合实践活动,会更加提高学生学习的兴趣,增加知识,培养能力,渗透各学科的教学,全面促进学生整体素质全面和谐发展。为了更好地开展综合实践活动,班主任应该注意以下几个方面:

第一,增强学生的集体荣誉感,培养学生主人翁意识。前苏联著名教育家马卡连柯说:“教育了集体,团结了集体,加强了集体,之后,集体自身就成为很大的教育力量了。”“不管用什么样的劝说,也做不到一个正确组织起来的自豪的集体所能做到的一切。”培养学生的集体主义观念、集体主义荣誉感是班主任的首要任务,要将班级建设成为一个具有共同奋斗目标、有健全的组织和领导核心、有严格的纪律和制度、有正确的舆论和优良作风、能团结互助和共同进取的班集体。在班集体中,学生自己管理自己,认识自己,提高自己,每个学生都是班级的主人。这样不仅能使每个学生从中得到磨炼,而且可以发挥学生自身的潜能,为班级建设、班级活动出谋划策,在班集体中快乐成长。这种荣誉感和主人翁思想在一些大型的校园活动中更能显现出来,比如社会调查、夏令营等,学生相互激励、相互支持,都为自己的班级取得好成绩而不断努力奋斗。

第二,放手交给学生,极力鼓励学生参与。很多班主任都不敢放手让学生自己组织活动,每次活动下来,总是累得半死,而学生也索然寡味,怨声阵阵。这是由于班主任没有考虑学生的思想心理状况,只依照自己的主观愿望行事,因此往往事与愿违,达不到预期的活动效果。班主任要相信学生的能力,充分发挥学生的智慧,从活动的策划、组织到开展都尽可能地交给学生,使学生感受自身的成就和价值。当然,对学生提出的但没被采纳的方案班主任要及时处理,也要进行鼓励并建议他们积极协助活动的开展。在活动中班主任应尽量多鼓励、少批评,多指正、少指责,多参与、少旁观,发挥学生的个性才能和创造能力,调动学生的参与激情,使他们乐于参加各种综合实践活动。

第三,遵循教育规律循序渐进,开展符合学生心理的活动。综合实践活动应该是一个动态的渐进过程。学生因年龄不同,生理、心理和知识能力有所差异,所以开展综合实践活动要有的放矢。学生年龄偏小的班级要注重活动的形式新颖、活泼,随着年龄的不断增长,则需要增加知识和能力的培养。中学阶段,更要强调自主性和创造性。比如,开展文艺活动,低年级的学生要在老师的带领下开展诸如唱歌、跳舞等简单的活动;初中生就可以在老师的指导下编排诸如小品、话剧等节目;而高中的学生自主性更强,可以开展音乐会、自编话剧歌剧等活动。

第四,充分挖掘活动的教育功能,促进学生综合能力的提高。综合实践活动为拥有不同特长的学生提供了发挥各自才能的契机。学生的特长得到了有效的发挥,就自然会体验到成功的喜悦和兴奋,这种喜悦和兴奋反过来又可以转化成学生进一步提高自己的动力。而且活动也是青少年学生合理地进行心理宣泄的良好形式,对排解学生因学习压力过大而产生的紧张、忧郁的不良心理起到积极的作用,从而促进学习成绩的提高。只有将开展综合实践活动和激发学习兴趣、提高学习成绩有机地结合起来,综合实践活动才会有价值。

综合实践活动是培养学生良好和自身能力的最好形式之一,是创建优秀班集体的最佳途径之一,是促进学生全面发展的最有效的方法之一。“万紫千红才是春”,综合实践活动要开展,而且要开展得丰富多彩,百花齐放,让学生从中体会到学习的愉快,感受到受教育的幸福。

只有在集体中，个人才能获得全面的发展其才能的手段，也就是说，只有在集体中才可能有个人的自由。

——马克思

学生缺乏集体荣誉感怎么办

小李是高一的学生，在学校举行运动会的时候，他表现得特别淡漠，既不参加任何比赛项目，也不加入啦啦队或者是做一些有意义的事情。他的这种行为实际上就是学生极度的缺乏集体荣誉感的表现。面对这样的学生，班主任教师要怎么对待呢？

集体主义教育是学校德育教育最重要的内容之一。学生只有具备了集体主义思想，才能保证其正确的发展方向，才能成为社会主义事业的建设者和接班人。现代的青少年普遍存在着个体意识强、群体意识差、集体主义思想薄弱的问题。班主任教师要花大气力教育培养学生关心集体，热爱集体，为集体做奉献的良好品质。

在集体教育中，培养学生的集体荣誉感是关键的一环。集体荣誉感是指学生自觉意识到作为集体一员的尊严和荣耀，从而更加热爱集体，珍惜集体的荣誉，并能推动学生积极向上的一种情感。良好的集体荣誉感，会促使班级进步、人人向上，为学生今后适应社会的发展奠定基础。因此，在班集体建设中班主任必须要培养学生的集体荣誉感，使学生健康成长。

一、认识自我，增强认同感

每个学生都来自不同家庭，具有不同的个性特点，如何使他们融入集体，让他们认识到个人在集体中存在的价值是十分重要的，也是班主任工作的一项内容。作为班主任，应引导学生正确地认识自我，增强他（她）对集体的认同感，感受自己是集体一员的重要。

我国著名教育改革家、全国优秀班主任魏书生老师在总结自己的班集体建设经验时认为："真正的教育应当是引导学生进行自我教育，使学生自我认识，自我克制。"他认为引导学生认识到"新我"与"旧我"的斗争是迈开自我教育的第一步。因此在工作中，我们可以采用一些具体方法，帮助学生提高自我认识水平。

（一）培养学生写日记的习惯

写日记是学生进行自我教育的极好形式，它可以解剖自己，分析自己。也只有正确地分析、认识、评价自己，才能有效地改造自我。许多老师都要求学生写日记，如魏书生老师就把学生写日记看作是道德长跑，他认为坚持写就是坚持跑。写日记可以使人的心灵求真、向善、爱美。在工作中，也可以以命题日记的形式引导学生写日记。初接班时,可以“向老师介绍自己”为题要求学生写日记,同学们针对自己的优势、不足以及努力方向,全面向老师介绍自己。例如,一个学生的日记中这样写道:“老师,我是郭玲,您也许还不知道我是哪一位,但是我想您一定会想起课堂上眼睛寸步不离您的那个小姑娘,就是我。我爱学习,守纪律,愿意做一个全面发展的好学生,但是有时总因为太马虎而影响了自己的成绩,不过我一定会改的,请您监督。”还有的同学这样写道:“老师,我是一个不怎么好的学生,我也想好,就是管不住自己,我真心地希望得到您的帮助,我愿意在小学最后一年画上一个圆满的句号。”同学们那朴实的语言,真诚的话语给老师留下了深刻的印象。写日记,不但可以了解每一名学生的特点,更重要的是在写日记的同时,还达到了学生自我教育的目的。

(二)教学生学会自我评价

评语是教师评价学生的一种手段。评语的真正价值在于让学生能够正确地认识自己,评价自己。在写评语之前,先让学生进行自我鉴定,让学生自己总结,这是培养学生正确认识自己,从而正确地评价自己并进行自我教育的重要手段。在学生的评语中,既有优点又有不足,还有今后的努力方向,在评价自己的同时,还评价他人,通过别人对自己的评价,提高自我认识。例如,一个学生在自我鉴定中这样写道:“在这一学期中,我对自己很不满意,我总是不认真听讲,还经常给同学们捣乱,和同学们打架,影响了集体的进步,我下学期一定改正。”可见这个同学对

自己的不足认识得十分清楚，特别是认识到由于自己的不足影响了集体。然而在该同学的评价中，有的同学这样写："其实你也挺好的，在老师讲课的关键时刻，你总能认真听，还能主动给不明白的同学讲。你还能主动为集体争光，给灾区捐衣服，你是班中最棒的。我相信，你一定能改掉你的缺点。"同学的评语使这个同学感到自己虽有不足，但也有闪光之处，对自己有了正确的认识，找到了自己在集体中、在同学心中的位置。看到这样的评语，同学们一定会严格要求自己，改正不足，为集体争光。这种评价是非常有效的。

二、学会欣赏别人，产生归属感

赏识教育是指在教育活动和社会实践中，认识的主体对被认识的客体的才能、成功等价值获得一定认识的基础上，通过对被认识的客体的重视和赞扬，对被认识客体施加影响，使被认识客体乐于参与，并内化为一定素质，按照一定方向前进的培养人的工作。在工作中，为了培养学生的集体荣誉感，班主任必须十分注重对学生进行赏识教育，使学生在学会赏识别人的同时弥补自己的不足，从而完善自我，认识到在集体生活中人人都是重要的，别人的进步我要高兴，因为大家都在为集体争光，从而产生对集体的归属感。

（一）学习优点，在前进中共勉

由于每个学生基础不同，他们各有其优点和不足，因此作为教师，班主任必须帮助学生全面客观地认识自己和别人，既看到自己的优势和不足，也要看到他人的长处；在相互支持中，建立友好合作关系,学习别人之长;在相互学习中,共同勉励,共同前进。

(二)包容不足,在互勉中共进

赏识他人既要学习别人的优点,也要包容别人的不足。因为在集体生活中每个人不可能一帆风顺,都会遇到困难,只有有了失败的体验,才会有成功的快乐。帮助伙伴改正不足,在鼓励中与伙伴共进是集体中每一个成员都要学做的。在帮助别人改正不足的同时,还要挖掘他们的闪光之处,与他们互勉共进。我们必须要向他人学习,要学会赏识他人,以弥补自身不足。人人进步,集体才会光荣。

(三)创造和谐氛围,强化荣誉感

学生的个性发展离不开集体,班主任必须要充分创设宽松、和谐的氛围。在班级的集体活动和生活中,让每个学生充分展示自己,发挥作用;在班集体建设同时,强化学生积极为集体争光的意识,发展学生正直顽强、责任心强、关心他人、努力进取、善于交往等良好个性品质,增强集体的凝聚力。

儿童集体里的舆论力量，完全是一种物质的实际可以感触到的教育力量。

——马卡连柯

如何对待班级中的“小群体”

在班级中，总会有一种不用组织就自然形成的“小群体”，“小群体”有各种各样的形式。班主任该如何对待学生中的“小群体”呢？

班级中的这种“小群体”对孩子的发展影响很大，既可能有积极的影响，也可能有消极的影响。究竟产生什么样的影响，要看“小群体”的“质量”以及教师和家长的正确引导。

孩子们自动地形成“小群体”是客观规律的反映。人与人必须交往，没有交往，人就不能发展，甚至难以生存。“小群体”是人的交往需要和交往行为的必然结果，在交往中，人与人发生着互动关系。你影响我，我影响你；个人影响群体，群体影响个人。我们每个成年人都有过“小群体”的经历，而这种经历将伴随着人的一生。

孩子们的“小群体”发展有什么特点呢？

在小学，这种“小群体”不是很稳定，聚散的变化比较多。一次表扬，可能使几个孩子聚在一起；一次批评，又可能分开。许多简单的因素都可能成为聚散的催化剂。从初中开始，“小群体”的凝聚力会逐渐加强，支撑“小群体”的精神内容会越来越深刻。上了高中以后，这种“小群体”现象就更明显了，一旦形成，其稳定程度将大大超过初中。在小学和初中，“小群体”的人数多少不一，就总的趋势看，高中时期人数较多。

“小群体”有几个共同的特点：

其一，在“小群体”成员之间，有使之联合的心理纽带。孩子们凑在一起，总是有趋同的心理需要。比如，住家相邻；父母在一单位上班；父母职业相同、地位相近；有共同的兴趣爱好；在班上有相近的角色地位；有相互保护的需要等等。这种心理纽带是必然存在的。

其二，“小群体”有一个核心人物。这不是选举出来的，而是自然形成的。这个核心人物，实际上就是“头儿”。他的言行，对“小群体”有重要影响。

其三，“小群体”具有相对的稳定性。中学以后，这个特点越来越明显。孩子们在“小群体”中，有一种满足感。在“小群体”成功地做了某些事情之后，这种满足感得到强化，凝聚力会越来越强。

其四，“小群体”有共同的行为模式。尽管每个孩子有自身的行为特点，在“小群体”里会要求自己遵循“小群体”的行为方式。在学校里，在课间，“小群体”成员往往凑在一起谈这谈那，甚至上厕所都共同行动。

一般来说，“小群体”有三种基本类型，即积极型、消极型和中间型。这是依据“小群体”在集体中的表现和对孩子的发展影响来区分的。不过即使是消极型的“小群体”，也会有积极因素。

我们讲述上面这些内容，是为了让班主任教师对“小群体”有一个比较明确的认识，在处理孩子与“小群体”关系时，不至于陷于盲目性而效果不佳。有的教师和家长盲目反对孩子们的“小群体”，不支持孩子与“小群体”交往；也有的意欲拆散孩子们的“小群体”而采取种种强制性手段。这样做往往达不到目的，还会跟孩子之间发生矛盾，甚至出现教师和家长越“拆”，孩子们就越“抱团”的现象。

那么，班主任应该如何对待学生中的“小群体”呢？

首先，理解学生，宽容对待“小群体”。面对三人一群、五人一伙的“小群体”，有的班主任和学生家长担心孩子因交友不慎而影响学习发展，于是发动种种攻势，意欲拆散“小群体”，有的还采取强制性手段加以阻止。这样，不仅达不到预期的教育目的，而且还会跟学生闹“僵”了，甚至出现明里“拆”，暗里“抱团”的现象。

实际上，“小群体”对学生的发展应该说利多弊少。如果教育得法，就能扫除一切不利的影响。如果我们与学生角色互换，就能明白，在“小群体”这一自由天地里，他们的精神自然轻松，天性得以充分发挥，那种互相影响的力量，是成年人难以给予的。

其次，掌握特点，科学引导，认真分析，除弊为利。苏霍姆林斯基说："教育的艺术就在于能够看到取之不尽的人类精神世界的各个方面。"要做到这一点，就需要我们通过各种渠道了解他们，认识他们，以便有效地教育引导他们。比如，他们的心理需要什么？经常进行一些什么活动？他们有什么特点？在班级中是怎样的角色？对班集体有什么影响？老师及家长怎样看待他们？通过广泛接触和了解，在掌握了第一手资料的基础上进行科学引导，其原则是除弊为利；其态度是朋友式的沟通，达成互相尊重、互相信任的一种默契。布贝尔在《品格教育》中说过："具有教育效果的不是教育的意图，而是师生间的相互接触。"意思是说我们不能为了达到某种教育意图而去教育，这样的教育学生会反感，而应该首先加强师生间的感情交流，有了感情，成了朋友，才能达到真正意义上的教育效果。其中做好"领袖"人物的工作能起到以点带面的作用。要肯定他的能力，肯定他的才干，用各种方式激励他奋发向上，依靠他的影响并带动整个群体成员向正确的轨道发展。

最后，争取各方，合力教育。"小群体"活动的范围不仅在校内，而且在校外，单靠学校一方努力，往往会顾此失彼。因此，班主任必须动员家庭和社会的力量，齐抓共管，加强教育引导，尤其是和群体成员的家长经常联系。如建立家庭联系簿，召开小型家长会，举办家长学校，走访家庭等，促使"小群体"里每一个学生都能全面发展、健康成长。

正确引导"小群体"，需要"小群体"成员的家长配合，更需要与科任老师们的配合。特别对那些消极型的“小群体”尤其如此。班主任与科任老师们共同研究以后,可以采取一致行动,包括安排一个时间与孩子们共同参与某种活动,让孩子们感到老师和家长是善意的、友好的。支持并帮助“小群体”做好事是引导“小群体”的好方法。

让每一个学生在学校抬起头来走路。

——苏霍姆林斯基

外来学生面临弱势处境怎么办

随着改革开放进程的加快,城市不断扩张增容,越来越多的外来工涌入了城市的各个乡镇,他们的子女随之也进入各方面条件均比原来好许多的学校。这一部分学生,他们的基础一般都比较差。由于他们的生活水平大都不高,再加上父母长期在外打工,居无定所,这些孩子上学的年龄都比较晚,这样,他们无论从年龄还是身高上在教室里都是“高高在上”,这种“鹤立鸡群”的感觉让他们很不自在。如何来关注这一特殊群体的成长,关注他们的心路历程,从而引导他们健康、全面地发展,以尽快适应新的学习生活,已成为班主任面临的一个棘手问题。

一、外来学生进校后的弱势心理分析

应该说,绝大部分外来学生是非常不错的。他们吃苦耐劳,诚实守纪,求知欲特别强,学习非常认真,个人自理方面的能力也是很多本地的学生所不及的。然而,由于地域、经济、文化等方面的差距,他们身上也有许多与本地学生格格不入的地方。初到本地,他们对较为优越的城镇生活有着许多的敏感和自卑:朴素的穿着,难改的乡音,还有那带有浓重的地方色彩的普通话,甚至对现在城市学生津津乐道的动画片、卡通画等都知之甚少。这一切,都使他们觉得低人一等。表现在课堂上,他们一般不主动回答问题,不愿意表现自己。在与本地的学生的交往过程中,他们很敏感,同学一句善意的玩笑,一个无心的动作,一个毫无恶意的眼神,都可能让他们耿耿于怀。这样,地域的差距,生活条件的落后往往造成了外来学生的心理弱势。这种弱势如果得不到改变,他们的成才之路就会显得漫长、曲折。因此,及时修补外来学生的心理缺陷,给他们的弱势心灵"补钙"显得十分重要。

二、转变外来学生弱势心理的几点对策

所谓对策,可以概括为一个"近"字,就是真正从感情上接近外来学生,真正将自己的心贴近学生。

(一)隆重推出,树立外来学生的主人翁意识

可利用上语文课的前5分钟,搞一个小小的欢迎仪式,向全班同学隆重地推出刚转进的外来学生。同时,老师可把自己的观点旗帜鲜明地告诉学生:不管是先到的还是后来的,不管是本

地的还是外来的,大家的地位都是平等的,老师对大家是一视同仁的。现在,班里有了这些外地学生,将会丰富我们的课外生活,扩大我们的知识面,班级将更加完美。这样,在一定程度上减少了学生间的距离感与陌生感,在学生间营造了民主、平等、友好的氛围,确立了外来学生也是班级主人翁的地位。

(二)放大优点,帮助外来学生树立信心

每一个学生都喜欢有同情心、尊重学生的教师,教师的爱能点燃学生心中的火种,能激发学生向上的热情。外来学生身上有许多优点,可他们却往往忽视这些优点,拿自己的弱点与本地学生的优点比,因而就莫名其妙地自卑、敏感。为此,班主任要尽可能用放大镜去看他们的优点。比如,只要看到他们偶尔举手或有想发言的举动,就及时地把机会给予他们,即使有时他们回答的文不对题,也对他们的行为给予肯定,并指导他们思考问题的方法。久而久之,他们的胆子大了,回答问题的正确率也高了。再如,作业时,他们中的有些人稍快了一点或全做对了,应立即表扬他们很聪明,肯动脑,都快超过班级的好学生了。值日时他们工作认真踏实、一丝不苟,要"小题大做"地表扬他们心里装着全班同学,流动红旗有他们的一半功劳……这样的事情一多,外来学生的自信心就慢慢树立起来了,参与活动或表现自己时就不再畏缩不前了。

(三)利用优势,把握外来学生的思想脉搏

老师对外来学生的爱,既不同于父母之爱,也不是朋友之爱,而应是父母之爱与朋友之爱的综合,是一种更高尚、更诚挚的爱，是一种蕴藏在心灵深处被升华了的爱。只有这种爱，才能想方设法的把他们的情结引向积极、健康的方向。比如，如果班主任是语文老师，可以利用语文教学的优势，通过周记的形式，以“转学了，我……”、“……，我能行”、“新环境，新选择”为内容，谈谈自己新学期的新想法，激发他们思想深处的进取之心，帮助他们树立学习的信心。此外，班主任还应通过一系列的活动，让这些学生不断地体验到自己在活动中的成功，在班级中的作用。课外，教师有时可以加入他们的行列，成为他们的“敌人”或“朋友”，出任他们的裁判，与他们融为一体。

每逢班主任上课时，可以推迟走出教室，利用课间的几分钟，走下讲台，坐到他们的位子上，看看他们在玩些什么，听听他们的谈话，适时交流一番。感受他们的喜恶，了解他们的家庭情况，发现他们身上被人忽略的闪光点和他们生活中存在的问题，分担他们心中的苦闷和欢乐……慢慢地，教师就可以走进他们的生活中了，切切实实地把握住了他们变化的脉搏，再把工作做到他们的心里，动其情、鼓其气、纠其错、激其向上。

（四）循循善诱，帮助外来学生正视地区的差异，让差距成为奋进的动力

在地区差别还没有消失的今天，适时的帮助外来学生分析地区之间经济、文化、生活背景的差异，让他们正视这些差距，这很有必要。针对本地学生自傲及外来学生自卑的心理，可以设计这样一个话题：在同一起跑线上。其目的是告诉学生，家过去的基础有差异，但我们拥有同样的头脑，现在又拥有同样的老

师,同样多的时间,并在相同的起点上,只要我们有强烈的上进心和自信心,只要我们行动起来,同样可以取得成功。成功不是由基础决定的,而是由我们的信心和努力程度决定的。从而使他们进一步认识到:我们无法决定自己的出生,但我们可以通过自己的努力,选择自己将来的出路,用勤奋来改变、掌握自己的命运。“山窝里飞出金凤凰”,每年的高考中不是也有许多才子出自边远地区吗?这样,差距就成了学生奋进的巨大动力。

(五)因人而异,指导外来学生调整心态,增强适应能力

课外可多通过聊天了解这些学生的思想动态,但因人而异,要注意对症下药。对性格豪爽的学生,单刀直入,不绕弯子;对性格内向,而又有较强自尊心的学生,则“慢工出细活”,时时提防说话时不能伤害他们。如在新学期的第一次单元练习时,他们的成绩一般不太好,随之就容易产生焦虑的心理。鉴于此,在以后的测试前引导他们形成这样的认识:考前要有一颗平常心,想考好的动机愈强,反而愈不容易发挥出自己的水平。考得不好,只要自己进行合理的归因,并认识到考试只是手段不是目的,考试只代表现在不代表将来,每一次考试至多不过是整个学习生涯的阶段性的小目标。只有着眼于未来或学习本身的意义,才是学习的最终目的。另外,还要留心“见什么人说什么话”,把在课外书上看到的一段段名言制作成精美的书签送给他们:一颗宽广的心灵能容天下难容之事;爱拼才会赢,敢唱才会红;欲受人敬,要先敬人;常用的钥匙不生锈……课外,有意识地借一些写名人经过不屈努力最后成才的书给他们看,让他们从一些名人坎坷的境遇中

吸取养料，以开阔胸襟，调整心态，增强适应能力。

（六）重视家访，与家长形成一股合力推动他们前进

加强与外来学生家长的合作，这样能较全面地从中了解学生心理问题的蛛丝马迹。因为外来学生在本地人地生疏，大多有“恋亲”的情感，在父母面前表现的较开放些。他们的家长文化水平普遍不高，参加社会活动较少，视野相对较窄。他们对子女接受教育的理解往往是片面的：或认为读书是出人头地，或认为不读书照样种田，或是大加压力、大打出手，或是不闻不问。我们通过家访，既可以了解他们的孩子的行为，又可以根据家长们的思想实际，向他们灌输现代的教育思想和教育方法。以便学校、家庭协调一致，在不发生冲突，没有压力的情况下，形成一股合力推动外来学生在和谐的环境中健康成长。

城市要发展，就必须打破一些地区现有的产业结构，实施有效的转型。这样，必将会带来地区之间人员的更大幅度的流动，这对每一个外来工子弟都会产生深刻的影响。让每一个孩子都得到健康的发展，这个工作任重道远。教育机遇处处存在，时时出现，发现和利用的本领反映了一个教师的创新意识。外来学生的队伍是形形色色的，他们的内心世界是丰富多彩的，新的环境和新的老师给他们带来了挑战。作为一个教育工作者，我们应该关注这一过程对外来学生的影响，同时明白，虽然我们作为个体的教育力量不免微薄，但只要我们爱心洋溢，认真关注，平等对待，就能帮助他们走上健康发展之路，使之成为现代化建设的生力军。

我们若要生活，就该为自己建造一种充满感受、思索和行动的时钟，用它来代替这个枯燥、单调、以愁闷来扼杀心灵，带有责备意味和冷冷地滴答着的时间。

——高尔基

如何指导学生过好寒暑假

假期生活是学生生活的重要组成部分，也是连接学校教育、社会教育、家庭教育的重要一环，需要家长、学校及社会各界充分重视。如何使中小学生的寒暑假过得有意义，班主任可以做如下指导工作：

一、努力使家长与孩子达成共识

专家认为："假期是根据学生的身心发展特点设置的，在学生经过较长一段时间的学习后，安排一段假期，可以让他们的身心得到放松，并接触和了解社会，是十分必要的。学生们年龄、性格不同，有的选择玩，有的搞些小发明，还有的利用假期去街头卖报纸，去农村体验生活，可以不拘一格，只要自己喜欢就好。”“在孩子还处于他律阶段的时候，家长必须充分利用好孩子的假期资源，安排好他的生活、学习。应遵循的一个原则是：要让学生得到在课堂上得不到或难以得到的知识。这可以激发孩子的兴趣，扩大知识面，而单上文化课补习班只会让孩子反感。”

为了让家长与孩子达成共识，有的学校的做法很好：暑假就要来了，班主任给家长布置一道题“暑假，你给孩子准备了什么”。给孩子准备什么呢？参加奥数训练班、参加作文辅导班、练钢笔字、学钢琴、下围棋、阅读名著……怎么样？够丰富的吧！孩子可不乐意。

孩子的暑假计划是什么呢？第一，认真完成老师布置的暑假作业。第二，旅游。俗话说“读万卷书，行万里路”，旅游可以饱览祖国的大好河山，增长知识，欣赏美丽的自然风光，那真是一举多得。第三，和小朋友一起打篮球、做游戏。这不仅可以增进友谊，还可以锻炼身体。第四，不是有一首叫《常回家看看》的歌吗？准备利用假期到乡下去，看望爷爷、奶奶。第五，阅读一些中外名著，丰富自己的文学知识。

只要班主任和学生积极主动与家长沟通，完全可以达成共识，让孩子过一个快乐、充实的寒暑假是大家共同的心愿。

二、假期补补“亲情课”

据一项关于少年儿童素质状况抽样统计资料显示，独生子女与父母及家人玩的时间，只有5%左右，而独自一人玩的时间竟达40%。由于缺少时间与父母进行有效的交流沟通，有些孩子表现为冷漠、孤僻、自私。一些父母为了工作,一年到头与孩子见不上一面,有的农村孩子一个人独守一个家,连个说话的人都没有,最终形成固执、自闭的性格。有的家长为了省事,一放暑假就把孩子送到父母或亲戚家。如此种种,严重影响了孩子身心的健康成长。

作为一个孩子,常常企盼爸爸妈妈多了解他们一些;而作为父母,一直希望孩子能更加懂事一些。有不少家长只知道关心孩子的学习,认为"父母之爱子则为之计长远",认为暑假把孩子送进补习班就是最大的关心。殊不知若一味地给孩子"增负",往往适得其反。要知道,亲情教育对孩子的成长十分重要。很难设想一个缺乏亲情关爱的孩子,步入社会后会怎样去关爱他人,怎样融入这个社会。与其他课相比较,"亲情课"更重要,应及时补,并且要补得充分。

平日里由于学习太紧而与亲人们产生的隔膜,何不利用这一段时间解除?其实,多数孩子对父母的要求并不高,一个微笑,一句关怀,甚至是一个眼神,都可以弥补以往留下的"亲情空间"。孩子是父母的"太阳",而父母又何尝不是孩子的"港湾"?珍惜这一段长长的"自由",去打开那扇神秘美妙的"爱之门"吧!

三、告诉孩子安全健康的重要性

2004 年教育部、公安部、中国少年儿童新闻出版总社等单位对北京、天津、上海等 10 个省市的调查显示,全国每年约有 1.6 万名中小学生非正常死亡,平均每天约有 40 多名学生死于食物中毒、溺水、交通或安全事故，这其中排除不可预见的自然灾害和人力不可抗拒的重大事故外，约 80% 的非正常死亡本可以通过预防措施和应急处理避免。所以，必须提醒孩子在暑假自由、轻松、快乐的时候，还应该注意交通安全、旅行安全、居家安全、饮食安全、交友安全。

班主任可以在假期来临之前，让孩子们就各种安全问题，查阅和收集资料，进行讨论宣传。比如，安全知识知多少？旅行时应注意哪些安全？如何保证安全合理的膳食？等等。

安全问题就在我们身边，生命无小事，安全无小节。危险也许在你不经意的时候会凸现出来。所以要学会保护自己、珍惜自己。只有安安全全地生活着，才能实现人生绚丽的理想，追求人生的更大意义。

四、假期“充电”提高自己

一年里，寒暑假时间达两个多月，孩子们应该利用假期充分地休息和放松，但在假期里“充电”提高也同样重要。只有玩乐的暑假会使学生感到空虚，这是对青春时光的浪费。

在寒暑假里，没有了学校的每日常规要求，学生们更可以自主决定作息时间和学习内容，比如，培养特长、补缺补差、完成假期作业、预习新课、阅读经典、练习文笔……

由于中小学生的自律性还不强，如果老师和家长不加以指导督促，学生们可能就会糊里糊涂过完暑假，造成遗憾。所以，班主任有必要在放假前，提醒学生思考制订切实可行和适合自己的假期“充电”计划，并征得家长的支持，以利于真正实施。

开学后，班主任可以组织各种形式的假期学习成果展示。比如，书画作品、小制作、小发明成果展览会、读书心得报告会、假期作业评比、体育特长表演……这样才有利于激发学生假期学习的积极性，使学生的每个寒暑假都过得充实有意义。

五、假期要积极参加社会实践活动

目前中国的家庭独生子女多，孩子无人陪伴、缺少玩伴、生活内容单一、生活视野狭窄是普遍现象。“两耳不闻窗外事，一心只读圣贤书”的年代早已过去，新时代的学生应尽早了解社会，学会分析社会现象和社会问题，关心社会发展。

假期里，学生们可以在家长、同学、学校及其他社会力量的帮助下，进行社会实践调查、参观访问偏远山区、亲近自然游览祖国大好河山、了解历史文化和民族风情等实践活动。通过各种活动，接触社会，增长知识和才干，培养对祖国和大自然的热爱之情。

班主任必须告诉学生，参加社会实践活动要因时、因地、因人而异，不要盲目攀比。你可以去旅游或参加夏令营，你也可以参加社区服务或调查家乡农村的变化。总之，要积极参与实践活动，学会观察周围事物、关心他人和社会发展。

班主任一定要尽全力做好学生寒暑假生活指导工作，要让暂时离开教师视线的“风筝”飞得更高、飞得更强劲。

第四编

用爱感化生命

人的内心是一个极其宽广、复杂、多变的世界。面对几十个性格各异、不断变化发展的孩子，怎样走进他们的内心世界，找到属于他们的那片沃土，播下适宜他们成长的那粒种子，对于班主任教师来说，这是至关重要的。

教育之于心灵，犹雕刻之于大理石。

——爱迪生

如何走进学生的内心

常言道："十年树木，百年树人。"育人是一个长期的、系统的、复杂的过程，它更需要教师怀有 颗爱心，认真对待。一个学生就是一个十分丰富，却又十分复杂的世界，每个学生的内心深处都有一根琴弦，要想真正拨动这根心弦，班主任就必须设身处地，从学生的外在表现探知学生的内心世界，从而走进学生的心灵。

一、为什么要走进学生的内心

（一）班主任工作性质要求走进学生的内心

教育是心灵的艺术。

我国著名教师张万祥所说:“我们应该经常思考这样的问题:班主任因何而精彩?是的,可以说,班主任因爱心而精彩,班主任因奉献而精彩,班主任因勤奋而精彩,班主任因人格而精彩,班主任因科研而精彩,班主任因读书而精彩,班主任因艺术而精彩,班主任因激情而精彩;可以说班主任因诗意而精彩,班主任因思考而精彩,班主任因生命而精彩,班主任因创新而精彩,班主任因追求而精彩;还可以说班主任因网络而精彩,班主任因后进生而精彩,班主任因终身学习而精彩……但是,我觉得核心之一是:班主任因走进学生的心灵而精彩。”

班主任首要的任务是塑造青少年美好的心灵,让青少年“成人”。要完成这项光荣而艰巨的任务,就必须走进学生的内心。苏霍姆林斯基说:“教育的任务首先是了解孩子,而为了了解孩子,就应该不断地观察、研究。不了解孩子,不深刻注意发生在他们内心深处的复杂活动,我们的教育就是盲目的,因此也就是没有意义的。”他要求每一位教师都要具有深入儿童精神世界的本领,他说:“我十分坚信,确实有那么一些精神品质,一个人缺少了它们就不可能成为真正的教育者,而其中首要的便是深入儿童精神世界的本领。只有那些始终不忘自己也曾是一个孩子的人,才能成为真正的教师。”他还告诫说:“别让任何一次心灵震荡不知不觉地从您身边掠过。要成为学生雪中送炭的帮助者,心灵创伤的医治者。”

班主任能用自己的知识丰富学生的知识,用自己的智慧启迪学生的智慧,用自己的高尚思想品德熏陶感染学生的思想品德,用自己的情感激发学生的情感,用自己的意志调节学生的意志,用自己的个性影响学生的个性,用自己的心灵呼应学生的心灵,用自己的灵魂塑造学生的灵魂,用自己的人格塑造学生的人格。以自己的青春谱写着辉煌的教育诗篇,以自己的忠诚和执著维系着绵长的文化繁衍,以自己的希冀和神往描绘着斑斓的成长手记,以自己的理念和憧憬铸造着坚强的未来人杰……

教师注定一辈子平平凡凡、默默无闻、为人作嫁衣,但教师关注的是一个个鲜活的生命,是青少年的心灵,是宇宙万物最神圣、最神秘、最具活力的对象。班主任的劳动成就了学生,他使自卑的心灵自信起来,使懦弱的体魄强壮起来,使狭隘的心胸开阔起来,使迷茫的眼睛明亮起来,他让愚昧走向智慧,让弱小走向强大……培养青少年求真向善趋美的心灵,引导青少年学生健康茁壮地成长,这既是班主任的责任,更是班主任的幸福。

人的内心是一个极其宽广、复杂、多变的世界。面对几十个性格各异、不断变化发展的孩子,怎样走进他们的内心世界,找到属于他们的那片沃土,播下适宜他们成长的那粒种子,对于班主任教师来说,这是至关重要的。

有这样一个故事足以证明走进学生内心的重要性。很多年以前,在美国新泽西州市郊一座小镇,有一个由 26 个孩子组成的班级。他们中所有的人都有过不光彩的历史,有人吸毒,有人进过少年管教所,有一个女孩子甚至在一年之内三次堕胎。家长拿他们没有办法,老师和学校也几乎放弃了他们。就在这个时候,一个叫菲拉的女教师接了这个班。新学年开始的第一天,

菲拉没有像以前的老师那样整顿纪律,先给孩子们一个下马威,而是出了一道选择题:

有三个候选人,他们分别是:

A.笃信巫医,有两个情妇,有多年的吸烟史,而且嗜酒如命。

B.曾经两次被赶出办公室,每天要到中午才起床,每晚都要喝大约一公升的白兰地,而且曾经有过吸食鸦片的记录。

C.曾是国家的战斗英雄,一直保持素食的习惯,不吸烟,偶尔喝点酒,但大都只是喝一点啤酒,年轻时从未做过违法的事。

菲拉要求大家从中选出一位在后来能够造福人类的人。毋庸置疑,孩子们都选择了C。然而菲拉的答案却令孩子们大吃一惊:“孩子们,我知道你们一定都认为只有最后一个才是最能造福人类的人,然而你们错了。这三个人大家都很熟悉,他们是二战时期的著名人物:A是富兰克林·罗斯福,身残志坚连任四届美国总统。B是温斯顿·丘吉尔,英国历史上最著名的首相。C的名字大家也很熟悉,阿道夫·希特勒,一个夺去了几千万无辜生命的法西斯恶魔。”孩子们都呆呆地瞅着菲拉,他们简直不相信自己的耳朵。

“孩子们,”菲拉接着说,“你们的人生才刚刚开始,过去的荣誉和耻辱都只能代表过去,真正能代表一个人一生的是他的现在和将来的所作所为。从过去的阴影中走出来吧,从现在开始,努力做自己一生中想做的事情,你们都将成为了不起的人才……”

正是菲拉的这番话,改变了26个孩子一生的命运,如今这些孩子都已长大成人,其中的许多人都在自己的岗位上做出了骄人的成绩,有的做了心理医生,有的做了法官,有的做了飞机驾驶员。值得一提的是当年那个个子最矮的也最爱捣乱的学生罗伯特·哈里森,今天已经成为华尔街上最年轻的基金经理人。

菲拉老师走进了孩子们的内心,突出的问题确实震撼了他们的心灵,而不是像过去他们所得到的棍棒、皮鞭只能触及他们的皮肉。

(二)当今青少年的思想现状需要走进心灵,以切实解决心灵问题

毋庸置疑,当今青少年在思想方面存在许多问题,例如:

1. 缺乏远大理想,理想的异化。有记者问几位中学生,有谁崇拜雷锋、刘胡兰、张海迪?他们都摇头。记者又问,爱因斯坦、居里夫人呢?其中的一个中学生毫不迟疑地说:“他们太累了,我们学不了。”现在,考大学,找个好工作,能赚大钱,能享受生活……成了许多青少年“远大”而唯一的理想。

2. 不懂得感激生活、感激父母,情感的荒漠化。众多青少年想尽办法为自己庆祝生日,却不知父母的生日;双下岗职工的孩子不少佩带高档手机。有的青少年或是对动物,或是对自己的小伙伴,甚至是对精心呵护自己的父母,乃至对自己的生命,多的是冷漠、仇恨和冷酷,少的是同情、爱护和珍惜;他们的心中缺乏爱,缺乏美,缺乏善良,更缺乏生活的激情。他们的心灵中没有争鸣的百鸟,没有斗艳的鲜花,没有潺潺流动

的小溪，没有清澈碧透的清泉……甚至没有一丝绿色，是一片寸草难生的荒漠。这就是亟待我们根治的青少年"情感荒漠化"问题。日本道德教育专家金井肇说："如今的青少年普遍感染了一种叫'无力感动'的疾病，他们对感人的故事持有一种怀疑的态度。他们拒绝感动，更排斥流泪。"

在2007年3月召开的十届全国人大五次会议、十届全国政协五次会议上，代表委员们指出，加强青少年思想道德建设应该包括感恩教育，诸如"孝敬父母"、"记取他人对自己的奉献"、"了解自己对社会的责任"等等，代表委员们提醒说："千万不要让孩子成为冷漠的一代，否则我们的社会可能失去起码的良心。"

3. 缺乏信念支撑，精神的软化。每年的中考、高考前夕，一些中学生都要去烧香许愿，祈祷神灵保佑，他们把希望寄托在虚无缥缈的神灵身上。

4. 性格脆弱，心理的贫瘠化。青少年自杀事件屡屡见于报端，我们不禁要问：现在的青少年怎么啦？2000年在北京举行的第二届中美精神病学术会上，有学者就指出，自杀已经成为中国青少年非正常死亡的第一原因，而且呈低龄化趋势，最小的仅有9岁。

二、如何走进学生的内心

在实际生活中，很多老师常常感叹："现在的孩子越来越难理解了，都不知道他们心里在想些什么。"学生的内心为什么会对老师封闭呢？这又是什么原因造成的呢？

如何走进学生的内心呢？我们认为应该做到以下几点：

（一）敞开心胸，知学生“心”

“海纳百川，有容乃大。”班主任每天面对的是几十名学生，每个学生都有自己的个性、兴趣；每个学生都来自于不同的家庭，有着不同的家庭教育；每个学生都会存在着各方面的个性差异。班主任要有容人之心，不能以自己的好恶把学生分成三六九等，而要在心底树立坚定的信念：所有的学生都是好学生！只有这样，才会感受到学生的可爱，也只有这样，才会平静地接受学生的缺点，耐心而又热情地帮助他们不断完善自己。

走进学生，了解关心学生，班主任应从其兴趣、爱好中捕捉其闪光点，不失时机地加以鼓励，并给以机会，充分发挥他们的特长，满足他们在生理和心理上的需要，完成自我价值的体现，激发他们的潜在能力，为他们找到不断进步的支点。

走进学生，班主任用自己的博学开启学生求知的大门，用自己的善解人意去打动学生柔弱的内心，用自己的语言和行动感召学生认认真真做事、扎扎实实做人，用自己的热情和激情点燃学生求知的梦想。让学生真真切切地感受到班主任的多重角色——良师角色、益友角色、慈母角色、伯乐角色、指导员角色、文艺家角色、演讲家角色。只有演绎好这多重角色，班主任才能更好地和学生沟通与交流，学生才能向老师敞开自己心灵的大门。

（二）学会赏识每一个孩子

有句话说得好：“让所有的云朵都见阳光。”周弘的“赏识教育法”明确提出:永远坚信孩子能行!

有一句大家都很熟悉的顺口溜:“说你行,你就行,不行也行;说你不行,你就不行,行也不行。”这句话用在教育上,其实就是,学生行与不行,是否能够享受到成功的乐趣,与教师积极的鼓励和欣赏有着很大的关系,因为人性中最本质的需求就是渴望得到别人的赏识。一句“你能行!”、“你真棒!”看似简单,但是学生时不时地从老师那儿听到这看似简单的“欣赏”,久而久之他们就会从中消除对学习的恐惧感,激发起强烈的求知欲,找到学习的快乐感觉,感受到生命的意义和价值。

班主任要走进孩子的内心,就不能吝啬于夸赞、表扬和激励;班主任要走进学生的内心,就应该每天微笑着向学生跷起大拇指,而不是动辄用食指去指责学生。要知道,大拇指能塑造好学生;而食指,则会制造出“困难”学生。

(三)在理解中管理

好学生不是靠“管”出来的,而是靠“爱”出来;优秀的班集体不是靠单纯的“严”出来的,而是靠“理解”。班主任把自己当成学生,设身处地,就能理解学生的思想、认识、见解、问题、缺点,甚至是错误;班主任把学生当成自己的孩子,就会严爱相济,用真情、真爱去理解学生、关心学生、体贴学生。

“严师出高徒”中的“严”是有前提的,必须以师爱为前提,而这师爱又应该是为学生所认可的,这严厉是偶尔为之的。缺少了师爱的严厉,急功近利,盲目追求考试分数,只会使学生厌倦学习,厌倦学校,厌倦老师,而这种“严”无疑会成了无源之水、无本之木，隔离和封冻起师生沟通的最优渠道。

日本教育家铃木镇一在《幼儿潜能开发》一书中写道："在每个孩子身上都蕴藏着巨大的不可估量的潜力。每个孩子都是天才，宇宙的潜能隐藏在每个孩子心中。"班主任如何才能把每个学生巨大的潜能挖掘出来呢？这就需要用师爱——智慧的师爱去理解去点拨每个学生。切记不要做喋喋不休的班主任，不要做失去本真的班主任，不要做打骂学生的班主任（哪怕是带着"为学生好"这一类美丽的借口），不要做自以为是的班主任，也不要做保姆型的班主任。因为，一味地去管理学生，少了理解，就是用一种无形的力量把学生拒之千里之外，又何谈走进学生的内心呢？

(四)为学生排忧解难

"忧"主要表现在：学生成绩上的"忧"，如担心学习跟不上，怕考试成绩不理想；能力差异上的忧，如别人的能力强，自己不如别人等。这些"忧"长期闷在心里，就会产生一种压抑感，影响学生的身心健康和学习成绩。因此，班主任要时时刻刻关注学生内心的变化，给学生提供成功的机会，并以朋友的姿态与学生交心谈心，说出自己的心事，这样才能使每位学生从思想上确实感受到，班主任的心中有个我。

此外，学生在成长过程中，会碰到各种各样的困难，如学习上、家庭生活中的困难，品行上的性格上的孤僻等。因此，班主任要细心观察，注意微小的变化，给学生献计献策，帮助学生树立战胜困难的信心和勇气，这样才能使每位学生产生行为上的优势，班主任的心中有个我。

综上所述，走进学生的内心并不难，只要班主任对学生心胸开阔一点，师爱深一点，欣赏多一点，理解多一点，与学生心灵的距离就会近一点、再近一点，直到实现零的突破——那是每位班主任最美好的愿望。

让孩子感到家庭是世界上最幸福的地方，这是以往有涵养的大人明智的做法。这种美妙的家庭情感，在我看来，和大人赠给孩子们的那些最精致的礼物一样珍贵。

——华盛顿

学生离家出走怎么办

高三学生小刚，因不能承受升学的压力和老师父母的"殷切期盼"，决定离家出走。临走之前，他给自己的班主任胡老师写了一封信："老师我走了，带着无限的悔恨走了……我没有勇气面对失败，所以我选择了逃避。"其实，小刚的成绩一直不错，老师、同学寄予他的期望很大。但是，一次摸底考试结束后，胡老师曾无意中对小刚说："我们的学校底子差，这里的第一名还不如别的学校的三十名，离考名牌大学还差很远，还要好好努力啊！"这句本是激励他的话好像刺激了小刚，他觉得自己没有希望考上好大学，曾经对母亲说不想再上了，但母亲不同意他退学。所以，最后他只能用离家出走这一方式来逃避一切。

近几年来,学生离家出走的情况时有发生。虽然这些离家出走的学生是极少数,可是带来的影响却很大,我们应及早重视对他们的教育。而要解决这个问题,需要从青少年学生离家出走的原因讲起。

一、青少年离家出走的原因

(一)主观原因

1. 关系紧张。出走的青少年学生大多是因为父母望子成龙心切、师生关系紧张以及与同学相处不融洽,造成了心理上的压抑,感到学校、家庭环境不能给他们带来快乐,所以他们弃学离家出走,去结识"意气相投"的新伙伴,去开辟另一片"自由"的新天空。

2. 学业过重。社会对学校的升学压力越来越大,学生的课业负担繁重,课余活动却很少,学生的厌学情绪就会产生,某种逆反心理也会形成。有些学生便以逃学或出走的方式来求得解脱。

3. 性格孤僻。这种学生会对周围的人抱有敌意和戒备心理,他们常常会因为与学校或家庭的成员发生矛盾冲突而突然出走。

4. 义气行事。中学生思想不够成熟,最讲义气,"为朋友两肋插刀",宁肯不服从父母和老师,也不愿违背伙伴的意愿。有的学生本人并不想离家出走,可是好朋友犯错误要出走,为了表示够义气，也就陪着走一遭。

5. 盲目效尤。当媒体披露因片面追求升学率造成一些学生压力太大而离家出走的消息后，有的学生就加以仿效，以为这是解脱的好方法。

6. 厌恶家庭。家庭不和，父母争吵、分居、离婚会使孩子感到难堪、孤独、自卑、屈辱和痛苦，他们感受不到家庭的温暖和父母的爱。为了弥补在家庭中失去的温暖，解除心中的烦闷，满足内心的需要，他们就会到相似环境的同伴中去寻求温暖和爱。他们有共同的心理、共同的感受、共同的语言，常会在一起计划离家出走独立生活来改善处境。他们在这种心理的触动下，某件不顺心的事件就是离家出走的导火线。

7. 角色变异。学生通过各种信息渠道接受了大量信息后，一部分人会对读书不感兴趣，而热衷于读书以外的东西，比如，早恋、迷恋网络，抽烟，喝酒，看成人录像等。消费观发生变化，拜金倾向严重的学生，在学习中经常表现出漫不经心，逃学去挣钱，或学某些歌星、影星，离家外出闯天下。另一方面，有些学生因挣不到钱无法生存而被迫去偷盗，先偷自家和亲戚，后来严重到在社会上行窃，直至走上犯罪道路。

8. 威胁师长。有的学生由于某些要求得不到满足，或者对家长不断地逼迫学习产生反感；有的对教师批评不满，为了恐吓或威胁家长和老师而离家出走。有的学生直接跟家长讲："你要是再批评我，我就不回家了！"以此威胁家长。有的学生并不是真正出走，只是在同学家住几天，制造一种紧张气氛，迫使家长和老师屈服。

(二)客观原因

1. 家庭因素

家庭是孩子成长的摇篮，父母的言行举止，家庭成员关系的亲密程度也影响着孩子的健康成长。一个不和谐的家庭对孩子的成长有着极大的负面作用。

(1)宠爱型：长辈对孩子过分宠爱，百依百顺。孩子从小做事就无所顾忌，不计后果，不考虑他人的利益和感受。无论孩子要什么家长都满足他，用金钱来表示对孩子的疼爱；可是孩子一天天长大后，有些需求则是家长无法满足的，彼此就会产生矛盾，冲突厉害时就会导致孩子离家出走。

(2)棍棒型：家长由于长期在外打工或是因为工作繁忙，平时没有时间和精力来管教孩子，缺少沟通，当发现孩子有问题时，就粗暴地以打骂来处理它。孩子人小时怕打，也许会改变，但到了年龄大一点时就会因为害怕回家挨打而离家出走。

(3)推诿型：父母关系不好或离婚，往往在孩子身上出气，相互推卸责任，不与学校配合教育孩子。孩子由于没人管，相对自由了，很容易受社会上一些不良风气的影响，久而久之，就会对父母以及社会产生仇视情绪。

(4)骄纵型：一些家长观念不正确，纵容子女的不良行为，“打架要打赢，打不赢就咬”，“人家偷我的，我就拿别人的”的教子论调在孩子的心中扎下根。天长日久,他们的孩子就会养成一些不良习惯,且家长不配合教育,袒护子女,孩子就会越演越烈,最终家长自已也无法管教了。

2. 学校教育因素

(1)传统的教育观念,一向重视程式化的知识教学,而忽视对孩子素质和创造力的培养。由于片面追求升学质量,学生不堪学业重负。目前,新课程的实施还只是浮于表面形式,有的老师不改进教法,仍是以时间加汗水来追求所谓的质量,繁重的学习负担压得学生喘不过气来。供孩子自己支配的时间越来越少,孩子天真活泼的天性被压抑,心理能量被超负荷地透支,身心感到疲惫不堪,厌学情绪越来越重,便选择离家出走这一逃避方式。

(2)教育方法陈旧,学生情感屡屡受挫。教师教育方法不当,也是造成学生出走的重要原因之一,有的违背学生身心发展的规律,以对待成人的方法对待充满稚气的孩子,一味地靠重压让学生出好成绩;有的不顾学生的个性特点,观念陈旧,教法死板,一刀切,一样齐。而一旦学生成绩不好,教师便极尽责难、惩罚之能事,或者讽刺挖苦,或者赶出教室、停课检查,或者打骂学生,或者借助家长的威力来慑服学生,强制转学或退学……这些做法都会伤害学生的自尊心,使他们对老师产生不满和不信任。对于年幼、缺乏生活经验、在家得不到温暖、在学校受到歧视的青少年学生来说,是很难承受这样的压力的,摆脱这种学习环境是这类学生普遍的心理要求，采取离家出走的行动即是他们环境的反抗。

(3)失败体验太多，迷失了自我。在漫漫的求学路上，由于种种原因，学生屡遭失败。而班主任如果不能及时发现，并给予学生以有力帮助的话，则会使他们失败的体验愈积愈多，越来越缺乏自信。长此以往，这样的学生必然会对自己未来的发展目标产生发生怀疑，甚至动摇，以致去漂流、去寻找，寻找那已经失去的自我。

(4)社会适应性差，盲目赶时髦。孩子大量的时间和精力投入到繁重的学业之中，很少参加课外活动，缺乏实践经验，缺乏生活经验，很难与周围环境保持良好的接触，社会适应性差。一旦自感承受不了，就可能在行为上表现出退缩、逃避，离开现实去寻找自己理想中那没有烦恼、没有忧愁的一方"净土"，以获得最大限度的解脱。这样，他们在流亡中，遇上社会上一些不良群体的引诱，还可能参与到一些危害社会的活动中去，走上邪路。因此对社会的危害不容低估。

二、如何预防学生离家出走

学校、家庭和社会应积极配合，尤其对于那些父母打工在外或离异家庭的孩子，学校应加强自身的教育能力，重视心理教育课程的开设，提高学生自信心，培养学生高雅的生活情趣，开展丰富多彩的活动，让他们以良好的心态度过学生时代。

(一)要学会了解孩子、关心孩子

了解孩子是一门科学,也是一门艺术,班主任教师和家长都要学会了解孩子。了解孩子不仅要了解孩子的年龄特征、生理特点、个性需要、成长过程、生活环境、日常态度和行为方式,还要了解孩子的内心矛盾、烦恼和思想动态以及心理、生理发展规律与发展趋势。只有切实全面地了解孩子,才能把握他们心理发展的脉搏,自觉防范孩子不良行为的发生。关心孩子,不仅是一般意义上的生活、学习上的问寒问暖,班主任教师和家长要在全面、充分地了解孩子的基础上,深入到孩子的内心去关心他们、爱护他们。做孩子的良师益友,帮助孩子分析所面临的困难和问题,建议孩子选择科学的解决困难和问题的途径和方法,及时而有效地排遣孩子内心的矛盾和焦虑。

(二)要学会为孩子引导正确的人生航向

不同的学生在体力、智力上的发展由于受先天因素、后天环境的影响,都存在着诸多不同。因此,班主任和家长一定要实事求是地根据学生自身素质条件、个性特点,因势利导地制订孩子未来发展的目标。这样的目标一旦顺应了孩子的主观愿望和自身实际条件,就会成为一种激励力量。“天生我材必有用”,“每个孩子都有成功的潜能”,其实每个孩子都渴望成功,只是方法不对,方向不明,孤立无援,才屡屡受挫。我们要善于发现孩子的天赋,看到他的长处,肯定他的闪光点,不断地引导激励他们,能够让他们在获得成功体验的过程中，追求新的更高的目标。这样，孩子对未来理想的追求，就能始终充满信心和热情。

（三）教育方法要科学、民主

作为班主任，一定要坚持说服教育、正面引导的教育方法，不可简单、急躁。要提倡民主作风，注意尊重孩子的人格和自尊，循循善诱，春风化雨。切忌居高临下，以盛气凌人的口吻去教训、指责孩子。要积极营造一种平等、和谐、轻松、自然的教育氛围，让孩子去感受、去体验，增强自我意识，产生自我教育需要，形成自我教育力量，最终达到教育者所期望的目的。现在有很多家长都认为自己望子成龙、望女成凤的想法并没有错，但他们不明白孩子为何不理解他们的苦心。而正是家长对孩子教育上存在的这种误区，导致了他们对孩子的畸形教育：提供尽可能的物质条件，追求高的学习成绩。他们不知道孩子心中的真实想法，不知道孩子到底需要什么样的父爱母爱。过高的要求会使孩子丧失信心，物质的满足不能填补孩子心灵的空虚。因此班主任教师要关心学生，家长要关爱孩子，让他们在爱的温暖的怀抱中健康地成长。

（四）注重孩子实践体验，提高适应社会的能力

对青少年学生的教育，一定要把着眼点放在对他们优良心理品质和良好行为习惯的培养上，班主任要从孩子身边的点滴小事教育起，教会孩子怎样做人，怎样适应社会，怎样与人进行

交往,怎样分析和面对各种社会现象。同时,要引导孩子形成良好的观察、注意、记忆、思维、情感等方面的品质,锻炼孩子对挫折的耐受力和面对困难坚强不屈的毅力,培养孩子矢志不渝的精神和勇气。学校要上好心理健康课程,创造条件让学生在无人监督的社会环境中去体验和感受复杂多变的人际关系,分析、判断是非对错,学会把握自己的思想和言行。

总之,预防学生离家出走,学校、家庭、社会都有不可推卸的教育责任。为了预防和治疗中学生的心理障碍,家庭和社会应积极配合学校工作,同时学校应加强自身的教育能力,重视心理教育课程的开设,提高学生自信心,培养学生高雅的生活情趣,开展丰富多彩的活动,让中学生以良好的心态。特别是要协同有关部门,加强综合治理,对网吧、娱乐场所重点整治,要特别关注在这些地方游荡的未成年学生的生活状况,及时预防未成年人犯罪事件的发生。对这类学生的教育是学校、家庭、社会的共同责任,大家应该携起手来,积极配合,形成教育合力,及时有效地对他们进行教育,持之以恒,才能收到良好的教育效果,从而促进这类学生的健康成长。

> 教师的爱是滴滴甘露，即使枯萎的心灵也能苏醒；教师的爱是融融春风，即使冰冻了的感情也会消融。
>
> ——巴特尔

学生出现逆反心理怎么办

我们在教学工作和日常生活中,经常会听到教师和家长抱怨现在的学生不好教、不听话,往往对教师和家长采取一种强烈的对抗态度。这种现象在处于青春期的中学生中尤为突出,其强烈的逆反性、对抗性,对学生的心理发育、日常生活和学习都是有害的,如果任其发展,将有可能造成学生的心理缺陷或者发展为心理扭曲,严重甚至会影响将来的生活、学习和工作。因为,如果一个人说话办事常常由逆反心理支配着,时间久了就会导致病态,对什么都不感兴趣,对什么都看不惯,最终将会丧失对事业的热爱和对理想的追求,严重的妨碍一个人的健康成长与发展。

因此,认清逆反心理的实质,帮助学生克服逆反心理,对教师、家长和社会各方面的发展来说都是十分重要的。

逆反心理,又称逆向心理或对抗心理。是指人们彼此之间为了维护自尊而对对方的要求采取相反态度和言行的一种心理状态。要解决疏导逆反心理的学生,就要分析学生逆反心理产生的原因。

一、要掌握处于青春期学生的心理特点

1. 独立意识强,表现欲望高,喜欢标新立异,遇事总想发表独特的见解,做出异乎寻常的举动,引起别人的注意,显示其独立的个性。

2. 好奇心理。心理学认为,当某事物被禁止时,很容易引起人们的好奇心和求知欲。尤其是在只做出禁止而又不做任何解释的情况下,浓厚的神秘色彩更容易引起人们的猜测,那些“青少年不宜”的影视广告就是利用青少年的好奇心理,从而达到吸引更多的青少年观看的目的。

3. 对立心理。人与人之间一旦持有否定的态度,也会对他的观点、行为持否定态度。比如,班主任教师若是对某个后进学生总是批评,这个后进学生就可能对老师的话听不进去,从而产生逆反情绪。

4. 偏激心理。处于青春期的中学生,社会阅历浅,知识面还比较狭窄。由于其自控能力差,看问题过于简单,甚至相当片面,往往攻其一点,不及其余。

二、了解逆反心理产生的客观原因

1. 社会广泛缺乏对中学生独立意识的认同感。现在的中学

生，大多是独生子女，而且学校中单亲家庭学生的比例越来越大。社会舆论往往对这些孩子的前途表示担忧，怀疑他们的自立能力，担心他们将来不能承担起建设祖国的重任。不可否认，当今的中学生确实存在着社会经验差、怕吃苦、好享受、社会责任感淡泊等诸多不足，但是造成这些现象的原因，正是由于家庭、学校、社会对这些孩子关爱太多，放手太少，总认为他们什么都不懂，忽略了对孩子们自立能力的培养。可以说，孩子的自立能力差，很大程度上主要责任都不在孩子，而在我们的社会和家庭，在于我们的某些教育观念、教育方法违背了人的心理和生理发展的客观规律。比如，班主任教师要组织一次接近社会、了解自然的校外或较远距离的社会实践活动，往往会因为安全原因而招来某些主管部门的反对。

2. 随着我国改革开放的不断深入，特别是加入了 WTO 后，带来人们生活方式、思想观念、思维方式的多元化。而处于成长期的中学生对各种生活方式、各种思想观念缺乏正确的分析能力，往往盲目的去追求一些新的生活方式和生活观念。比如，热衷于庆祝情人节、愚人节、平安夜、圣诞节等各种洋节，甚至对西方一些腐朽的资产阶级生活方式和思想观念不加选择的接受、崇拜和效仿，这时往往就与成人的思想产生诸多冲突，如果此时教师和家长不及时采取疏导的方式而是进行硬性阻拦，就容易使学生产生逆反对抗心理。

三、疏导学生逆反心理的主要方法

疏导学生逆反心理的方法有很多，不管采用哪种方法或形式，必须根据学生的不同性格性格特点来解决。

1. 培养良好的师生情感，消除学生逆反心理。著名教育学家陶行知曾说过："教师的真诚是启迪学生心灵的钥匙，灵魂的尘埃只能用精神的甘露来涤荡，心灵的创伤只能用心灵的温暖来医治。"青春期的中学生可塑性极强，自主自立的欲望又特别强烈，教师和家长对待他们要像对待朋友一样，决不可采取高高在上的姿态，那种把教师和学生看成"教育者"与"被教育者"，把家长和孩子看成"服从"和"被服从者"的观点非常不利于对学生的教育和心理疏导。对孩子们的事情不要随意发表评论，尤其不要使用"不能这样"、"不行"、"讨厌"、"你真笨"等打击孩子积极性的语言，而应采取和朋友交谈的态度，用一种积极聆听的姿态，去了解孩子导致孩子犯错的真正原因，培养他们独立分析问题的能力，让他们自觉的认识自己的错误并认真去改正。

班主任要努力和学生成为朋友，而不是敌人。学生犯错，首先要指出他们的错误所在，说明道理，道出错误的危险性及严重性。学生犯错后，教师的职责就是帮助他们认识错误、改正错误。一旦发现学生犯了错，班主任一定要自己解决，切不可告上级领导的"状"，告家长的"状"，或动不动就给他们一个处分，或讲大话、空话。由于青少年学生的自控能力差，他们会不断犯错，班主任要采用朋友式的交谈方式与他们交流，他们才会真正的从内心努力改正自己的错误。从而建立良好的师生情感，大大的减小学生的逆反心理和对抗心理，以利于教师教育工作的开展。

2. 班主任要努力提高教学能力和教育管理水平，疏导学生的逆反心理。班主任教师应该努力提高自己的专业知识水平，不断加强学习，提高自身文化素质，学会用辩证的、全面的、发展的眼光看问题。尽量避免由于自身认识片面，业务水平低，视野狭隘造成的认识错误。

有一位刚从大学毕业的年轻地理老师，由于教学业务水平低，上课照本宣科，而且课堂上一有学生违反纪律他就骂学生，讽刺挖苦学生，结果他越骂，学生越不听，对地理课就有了很强的逆反心理，最后导致很多学生对他不满。了解到这一情况后，班主任通过学校领导找年轻的地理老师谈心，并且请老教师从地理教学上帮助他提高自己的课堂教学质量，丰富课堂教学的内容，完善教师的自身魅力。这位年轻教师通过一学期的努力，他本人的地理课堂教学水平有了长足的进步，他的地理课生动，相关的知识通过图片、多媒体向学生展示。这样一来，学生也开始喜欢上地理课了。他的教学吸引了学生，那种对地理课的逆反心理也得到了疏导。

3. 教学要面向全体学生，消除“你越要我学，我越不学”的逆反心理。在教学过程中，学生的逆反心理的典型表现就是“你越要我学，我越不学”的心理状态。这种情况在成绩差的学生中尤其突出。学校片面追求升学率，教学要求过高；家长望子成龙的心切，由此产生失望心理，是造成这种反常心理的原因之一。此外，由于教学不得法，也会使学生产生自弃心理。平时对学生关心不够，只有在学生没有完成作业或作业错误较多、没有考好或者有什么问题是才找他们，并对学生严加训斥或讽刺挖苦。学生由对教师的不满，发展为对学科的失望，成绩下降，甚至破

罐子破摔。要防止此种情况的产生,可以有针对性的采取以下措施:

(1)端正教育思想,改进工作作风。教育是为了提高全民族的素质,是为了培养全面发展的完整意义上的人。班主任的教育工作要面向全体学生,要关心和爱护每一个学生,鼓励和支持每个学生的发展。班主任教师对学生的影响除了与知识、技能、道德品质有关外,还与班主任教师对学生的关心和爱护有关。

(2)善于从每个学生的身上,挖掘他的闪光点。每一个学生,甚至是“困难”学生,在他们的身上都有许多的优点。教育的艺术就是看教师能否从学生的身上挖掘和发挥闪光点。美国心理学家罗森塔尔曾让教师将一些智商一般的学生暗示为智商过人的学生,一段时间后,被暗示的学生成绩普遍有了长足的进步。

(3)融入学生生活中,了解“个性”学生,真正克服逆反心理。在日常生活与工作中,班主任教师要真正融入学生的生活,发现“个性”学生,了解他们喜欢什么,了解他们的喜怒哀乐,帮助他们摆脱“逆反”束缚,使其压抑的心理得以疏导,成为学生的良师益友。

当前,如何培养学生健康的心理,已成为广大教育工作者重要的课题。面对“个性”学生的心理,用教师的真诚,用精神的甘露,用心灵的温暖,用各种适当的方法,对学生的逆反心理进行疏导和调适,使他们能够得到健康全面的发展。

一切真正伟大的人物（无论是古人、今人，只要是其英名永铭于人类记忆中的），没有一个因爱情而发狂的人：因为伟大的事业抑制了这种软弱的感情。

——培根

学生早恋怎么办

随着生活条件的改善,学生青春期的提前,再加上各种思潮的不断冲击,目前学生的早恋已经由个别现象发展成为一种较普遍的社会问题。而如何对待学生的早恋问题,也已成为班主任教师工作中最棘手的问题之一,处理不好会影响学生的一生,严重的还会导致意想不到的后果。

早恋,是青春期的常见现象之一。所谓早恋,是指在生理或心理上还未完全成熟的青少年之间发生的恋爱现象。进入青春期后,出现异性爱慕倾向的青少年,会主动接近自己喜欢的异性,双方交往频繁,相互倾心,导致恋爱的发生。判断是否早恋的依据大致有两点:一是生活自立的程度;二是恋爱的年龄与法定最低婚龄(我国《婚姻法》规定男22周岁,女20周岁)相差的程度。

一般来说,青春期少男少女的“早恋”现象有以下特性:(1)情景性与短暂性——“热”得快,“冷”得也快;(2)传染性与模仿性——“跟着感觉走”;(3)逆反性与反抗性——“孩子气的钟情与赌气”。

面对学生的早恋行为,班主任应该如何对待呢?

一、正确认识学生早恋行为

实际上,孩子们处于青春发育期,出现早恋是最初的性萌动,是十分正常的。倒是成人们对待早恋的态度有点不正常了,出现早恋行为不知道疏导而一味去堵,有的甚至孩子一有风吹草动就被扣上了“早恋”的大帽子,这些不当的教育方法使得教师和家长越是害怕早恋,早恋越是不期而至。

一般说来,教师和家长在处理学生早恋问题上常犯的一个错误就是不理解孩子的成长,很难接受孩子谈恋爱的事实。作为成年人,用自己的观念来看待这一问题往往与学生之间存在着差别,如“小孩子谈恋爱简直胡闹”、“是不可思议的事情”,甚至有些人用陈旧的观念将此事的发生称为“堕落”、“不要脸”,家长认为是“把父母的脸丢尽了”,而老师也往往认为是败坏了班风、校风。成人们从一开始就把自己放在了与学生对立的立场上,把学生美好的情感说得十分肮脏,这样很容易使学生在心理上产生抵触情绪。

作为班主任，应密切关心学生的日常生活，一般有早恋现象的学生总有一些异常的表现，例如，突然爱打扮了；总有些心神不定，好像什么事都做不下去，显的很浮躁；把自己的东西藏起来，抽屉悄悄上锁了；当他（她）伏在写字台上写东西时，你走近他（她），他（她）立刻把写的东西压在一本书的下面，装得若无其事……这些异常现象都应该引起家长和老师的注意并作出正确的判断。

二、要帮助学生认清早恋的危害

早恋危害甚多，具体有以下几种：

1. 浪费感情，极少成功。青少年对人生、对社会、对世界、对感情的看法还很幼稚、片面，情感很不稳定、起伏性大，不具备进入婚恋领域的条件，所以学生早恋浪费感情，浪费宝贵的学习时间。

2. 分散精力，贻误前途。处于早恋中的学生沉浸在爱的甜蜜之中，消耗大量的时间和精力，这对学生增长知识、学习本领，为未来发展奠定好基础是非常不利的。

3. 涣散集体，损伤友谊。早恋学生总喜欢单独与恋人在一起，不愿或拒绝与他人交往，不愿参加集体活动，久而久之，将脱离集体这个大家庭。

4. 感情冲动，遗恨终生。早恋中的学生情绪最易冲动，况且自控能力又差，很容易越轨，越轨行为将给学生尤其是女生造成很大的心理压力和精神创伤，而且这种创伤往往是终身无法弥补的。

5. 缺乏经费，导致犯罪。谈恋爱往往需要金钱，而学生经济上尚未独立，为了维持这种带有明显炫耀色彩的恋爱行为，有的人甚至误入歧途走上了犯罪道路。

三、教育“早恋”的学生要讲究艺术

1. 重视爱情观教育。在进行爱情观教育时，从学生已知道得很多的书面材料出发，经过思考、分析，使之升华到学生懂得很少的爱情的哲理上来。在进行爱情的理论观点教育的同时，还可以向学生介绍一些古今中外的爱情典范。如马克思和燕妮，恩格斯和莉希（一位一贫如洗、目不识丁的普通女工），列宁和克鲁普斯卡娅，周恩来和邓颖超，居里和居里夫人等。

2. 确认早恋苗头，及时采取有效措施处理。班主任应多与学生接触，注意留心观察。对已有了早恋萌芽的学生，要弄清他们究竟是对异性发生好感还是真的进入了恋爱期，进行有的放矢的教育，就可避免产生逆反心理。一旦得知确有早恋现象，就要及时采取有力措施正确引导，力求让学生将精力投入到学习中去。处理早恋的措施有很多，应根据实际情况制定教育转化方案，一步一步实施。在处理早恋问题时，一般要正面知会当事人双方，不过可以请双方父母协助，但不能通过任何手段禁止或力图中断双方的交往，这样做只会适得其反，不但达不到目的，反而容易使学生走向极端，非常不利于学生的健康发展。

老师、父母常向学生说的话是“你们必须停止来往”。然而，

这并不是我们的本意，如果我们说的是“我们非常想帮助你更好地成长”，那样，在学生的心理上会产生完全不同的效果。对早恋进行压制，很容易产生矛盾，而只有让学生真正认识到问题的本质，才是解决问题的根本方法。因此，必须放弃阻止，实施有效的引导。试想，对于情感处于高温状态的中学生，让其一下降为零度，勒令其永不见面，不许理睬对方，显然是不现实的。班主任要抓住学生自己也有焦虑，不能自拔，并希望了解这份感情会带来什么结果的心理，用自己的亲身感受，或是别人的故事，通过客观叙述，让孩子自己从中悟出早恋带来的种种后果。例如，当其得知，原来像自己一样热恋的中学生，甚至大学生，在经历了各自的成长变化后，并不一定会选择学生时代的恋人为爱人时，他们会从别人的得失中看到自己的未来，从而有可能使过热的头脑降降温。当学生能理智地认识这一问题，向老师、家长寻求解决办法时，我们便可以向他提出建议，告诉他两人没有必要变成仇人，可以公开正常的交往，但不要超越朋友界线，与其把时间花费在早恋中，不如抓紧现在的学习机会，为自己的未来增加一份竞争的实力，使未来的自己在对方的心目中更加完美。彼此相约，将这份情感珍藏在心中，等到双方有承担这份情感的能力时，再去享受它。这样就可以将热情升华为一种巨大的心理动力，投入到学习中去。

3. 要引导，让每个人心里都充满阳光。优秀的班主任在处理学生早恋的事情时，无论情况多么糟糕，也不会大喊大叫，而是克制自己，保持沉着、冷静和坚定。

首先，班主任应充当倾听者。一个成功的教育者应该具有足够的耐心与宽容，面对学生早恋问题更应具有这方面的修养。要想成为一个倾听者的先决条件是必须将自己与学生放在一个同等的高度上，把自己当作他们的朋友，乐意听他们诉说，帮助他们解决问题，只有这样才可能知道学生最真实的想法，并有针对性地加以引导。在倾听的过程中必须注意引导的方式，引导得好，学生的心扉便自然会被打开；引导得不好，他们则会守口如瓶。

其次，班主任不妨充当“偏袒者”的角色。学生大多不愿意家长与老师知道自己的感情秘密，除了害怕外，更多的是因为他们的羞怯心理。那么，班主任一旦发现学生中存在这种情况时不妨让自己做一个“偏袒者”。虽然学校与家庭相配合是教育的关键，但适当地替学生保守隐私，以此作为教育过程中的“筹码”，不但不会使问题扩大，而且更易于教师工作的开展。因为有些学生一旦发现自己隐私已在长辈面前一览无余，反而会有“既然你们都已经知道了，我就不妨公开这么干”的逆反心理，事态也会进一步扩大。一位班主任打电话给一个有早恋倾向、又逃了一下午课的学生的家长，家长得知情况后对学生拳打脚踢，但孩子始终三缄其口。后来，这位班主任要求家长将电话交给孩子，问这个学生为什么逃课，他说头痛去吹风。这位班主任说头痛吹风这不符合事实，一定有什么事你解不开才头痛。孩子沉默了，此时这位班主任突然意识到孩子的家长在电话旁边，让他如何开口。于是，为了不让孩子在父母前过于尴尬，该班主任要求这位学生第二天到校后再面谈，并要求家长先不要对孩子太严厉，等他问明情况后再说。第二天上午上课前学生便主动谈了自己在处理感情过程中的矛盾心理，最终决定将感情暂时放在一边，以学习为重。正是因为师生之间有了真诚的交流，最终才达到了指导学生选择正确方向的目的。

最后，班主任要善于采用新的方式对学生加以引导。根据目前早恋的特点，现在的中学生已不能从强调名声与责任感的角度进行教育，而应从新的角度切入。

(1)对比考虑，自我认知后果。学生将感情看得十分浪漫，但对感情所造成的伤害，就需要老师事先打预防针。曾有这样一对早恋的学生，一方面每天至少一个电话，周末时间总在一起逛街、聊天，严重影响了学习；另一方面男孩准备毕业后去日本，问起他们将来的打算怎么办时，他们都能回答地很轻松："分手呗，没什么大不了的。"其实，学生想去尝尝感情的滋味并不是一种必不可少的心理需要，更多的是他们只知道感情的美妙，却没有意识到它可能带来的伤害，而当将来一旦意识到时又已为时太晚，不仅对孩子的学习和生活造成极大的影响，甚至影响了他们此后的整个人生观。所以，在孩子受到伤害前，班主任有义务提醒孩子，让他们懂得保护自己，避免伤害。

(2)审美教育，防患于未然。学生的成长过程中难免会出现心理波动,许多事情的发生不是可以事先制止的,所以应该尽早地对学生进行审美教育。一方面,让学生明白初恋是人生中最纯洁的爱情之花,不论它开在什么时候都是应该珍惜的。另一方面,让学生明白异性间的接近是以倾慕为基础的,要想让对对方注意自己,就必须让自己变得更出色。尝试过进行这样的引导后,学生会以一种更为纯洁的心理去对待第一份感情,也会学着让自己变得更出色,从这个角度来看对他们的成长未尝不是一种动力。

总之,班主任要用善待之心对早恋学生多加关爱,要以冷静的态度、理智的情感、恰当的方式方法对学生早恋问题行为进行矫治。

假如生活欺骗了你，不要忧郁，也不要愤慨！不顺心的时候暂且容忍：相信吧，快乐的日子就会到来。

——普希金

如何指导青少年珍爱生命

一个 14 岁少年与父母发生冲突后一怒之下买了一瓶安眠药,药买回来以后犹豫了半个小时,但发现没有人关注他的情绪,陡然产生“我偏要死给你们看”的念头。打开药瓶后,慢慢地考虑到底该吃多少,整个过程家人都没有留意,他最后服了 30 片药之后才被急送往医院洗胃。

近年来,人们经常可以看到这样的报道。一些青少年由于不能应付日常生活中正常的压力,最终选择轻生以逃避不可忍受的痛苦。这中间有的是由于与家人生气或吵闹引起的,也有的是因生活和学习上的一些小矛盾引起的。青少年轻生行为在大多数情况下是可以预防的。作为班主任做好防范措施是非常重要的。

一、帮助青少年树立崇高的人生理想，让孩子们带着希望学习

人生理想，就是人生道路上的奋斗目标。科学、崇高的人生理想，揭示出人生奋斗的正确目标和方向，是人生强大的精神动力，是人生前进的旗帜和力量的源泉。有人说过这样一句话：什么时候建立了理想，什么时候就开始了真正的人生。人生价值，通俗地说，就是人怎样活着才有意义。这个问题与前面讲到的人生目的、人生理想问题是密切联系着的。

有这样一个故事，有一次在一个学术报告会结束之际，一位年轻的女记者问："霍金先生，疾病已将你永远固定在轮椅上，你不认为命运让你失去太多了吗？"霍金用还能活动的手指，很艰难地敲击键盘。于是，伴随着合成器发出的标准伦敦口音，宽大的投影屏上缓慢而醒目的显示出如下一段文字："我的手指还能活动，我的大脑还能思维；我有终生追求的理想，我有我爱和爱我的亲人和朋友；对了，我还有一颗感恩的心……"人，只要理想的灯不曾熄灭，就能面对所有的苦难，勇往直前不气馁。班主任要告诉青年学生：当你们在人生长河中扬帆远航的时候，千万不要忘记树立崇高的理想和目标。远大目标是人的精神支柱和力量源泉，它可以不断激发人的斗志和活力，使其永葆内在的青春。如果没有远大目标，人就失去了生活的信心和价值，只能像行尸走肉一样，毫无意义的度过一生。班主任们还要让学生知道，人生不能没有希望，任何时候我们都不应该绝望。只有充满希望，才会有向前的动

力，才能达到幸福的彼岸。

二、开展情感教育，用真情、真爱去温暖孩子的心灵

对人的教育，说来说去，要数思想教育最难。难就难在双方内心的隔膜，互不理解。思想教育，需要讲究科学，更需要讲究艺术。但首先必须溶入教育者健康的情感。

情感是沟通的媒介，是达成理性共识的基础。列宁说：“没有情感，就从来没有，也不可能有人对真理的追求。”情感的无节制或情感的滥用，肯定会带来许多意想不到的麻烦。但情感的缺乏，则又使我们难于摆脱工作被动与无效的困窘。

有爱才会有真正的教育。我们确信，人，只有被人当作是人的时候，他的创造性才智才能得以最大限度地发挥；人，只有被人充分尊重的时候，才会真正懂得如何尊重他人，尊重自身。

人性中最深刻的禀性，就是成为重要的人的感觉，至少是在所处群体中及社会互动中能给人留下深刻印象的人。当他长期处于被冷落、受歧视，除了挨批受训便不能为人知晓的境地的时候，他的自尊心、自信心连同进取心都会渐渐丧失殆尽。

班主任要告诉学生，不仅要爱祖国、爱党、爱人民，还要爱自己的亲人、伙伴、朋友、老师、同学、包括自己，还要热爱生活，爱他人与自己的生命，爱自然一切美好的事物。

此外，班主任还要让学生明白，这个世界上良善与美德总要比丑陋与肮脏多一些，而且只有这些东西才值得我们去珍惜。相信真理，相信友谊，相信爱。在与让他人的交往中，要学会宽容、学会体谅，在自我尊重的同时，学会对生命的敬畏、欣赏、珍

惜与热爱。要勇于接受生活的磨炼，在磨炼中不断完善自我，感激父母，提升自身生命的价值。

三、开展尊重生命教育，让学生懂得生命的价值与意义

生命对每个人而言，只有一次，青少年要认识生命，欣赏生命、尊重生命、敬畏生命、珍惜生命。班主任要教育学生悦纳自己，善待自己，发现自身的优点，享受生命成长的乐趣；教育学生提升生命的价值，增强自己的使命感、责任感。班主任还要教育学生懂得尊重别人，理解他人的痛苦，珍惜他人的生命。此外，还要欣赏自然界其他形态的生命。

四、丰富青少年的内心，勇于面对挫折，提高他们的意志力

其实，这也是青少年必备的健康心理品质之一。在日常的教学过程中，班主任要训练学生以积极乐观的态度对待他们的生活和学习。人生不会一帆风顺，不如意事常有八九。实践证明，在人的成长过程中，免不了要经受一些挫折和失败。挫折对人有利也有弊，一方面使人心理痛苦、情绪紊乱，甚至产生偏差行为；另一方面，却能深化人的认识，成为成长的新契机。因此，青少年学生要正确看待挫折，正视压力和失败，要维持积极的心态，事实求是地分析原因、总结经验、吸取教训，发愤图强、不断进步。这样青少年才能珍惜自己以及他人的生命，不会走上轻生或者犯罪的迷途。

应该让别人的生活因为有了你的生存而更加美好。

——茨巴尔

如何培养学生的奉献精神

“如果教师善于开阔孩子们的眼界去看现实生活，现实生活中会鲜明地体现出人的奉献精神。如果这种种事实能使孩子们感到吃惊，逼迫他们去深思，那时，你们那循循善诱的话语，会投入到孩子们心灵的深处，就像种子落到沃土里那样，将会生出茁壮的幼芽来。”苏霍姆林斯基所著的《怎样培养真正的人》用令人信服、十分独特的叙事风格向我们讲述了教会孩子奉献精神的重要性。

据调查，当前青少年普遍存在的心理问题的主要表现之一就是冷漠自私，对集体事务漠不关心，事不关己，高高挂起，斤斤计较个人的利益得失，缺乏奉献精神，行为被动。作为教师，尤其是班主任，在这种缺乏奉献意识的社会氛围中，培养学生的奉献意识就变成了一件极端艰巨且富有挑战性的工作。

一、班主任要从我做起，以身作则

很难想象，一个只懂得索取的教师会教育出热心奉献的学生。有人感慨世风日下，有人诅咒干部腐败，有人惊呼贫穷落后……然而我们是否想过：自己做得怎样呢？每个人都要做一盏灯，点亮自己照亮别人。从自我做起，从身边小事做起，严于律己，乐于奉献。对于教师而言，奉献更有特别的含义，不但实现了自己的价值，而且也将影响着下一代人的价值观。

在这方面，很多教育前辈为我们树立了一座座不朽的丰碑。我国伟大的教育家陶行知先生，从小立下了“我是一个中国人，我要为中国的教育事业作贡献”的座右铭，并发起组织了中华平民教育促进会，提出了“生活即教育”、“社会即学校”、“教学做合一”三大教育理论，倡导“千教万教，教人求真；千学万学，学做真人”的教育思想，在中国教育思想界产生了广泛而深远的影响。他以“捧着一颗心来，不带半根草去”的赤子之情，默默地为人民的教育和民族的解放事业鞠躬尽瘁，奋斗终生。观念往往决定我们的行为，让我们从自己做起，点亮心头这盏奉献之灯。

二、要善于利用集体的力量，在集体中教育

班主任要善于在集体中发现学生的奉献行为，并给予肯定。

全国优秀语文教师李镇西在他的教育随笔《心灵写诗》中这样写道:“让人们因我的存在而感到幸福！我把这句话作为礼物送给你！(请你在心里默念一遍:让人们因我的存在而感到幸福)这既是一种伟大崇高的价值观念,同时也是一种平凡朴实的实践行为。用精神播撒精神,以真情赢得真情。亲爱的朋友,做一个让人们因我的存在而感到幸福的人,往往只需‘举手之劳’:公共汽车上,你为一位老人让座,这位老人就会因为你而感到生活在这样一个文明的社会环境中是一种幸福;在街头,你热情、耐心地回答一位外地人的问路,他就会因你而感到能够得到一位素不相识的人的真诚帮助是一种幸福;在教室楼道,你主动上前帮老师拿作业本,老师会因为有你这样的学生感到幸福;有同学病了,你哪怕是送上一句亲切的问候,他也会感到有你这样的同学是一种幸福……今后在我们班,当某个同学遇到困难时,是你第一时间出现在他的面前并伸出温暖的手臂:‘别着急,有我呢!’那样,他会因为有你而感到班集体的无比温馨！我希望在我们的集体中,大家有共同的追求、共同的荣辱、共同的精神支柱、共同的心理依托;成员之间互相友爱,互相帮助,谁也离不开谁。每一个人为集体的挫折感到难过与忧虑,集体为每一个人的成绩感到欣喜与自豪。”

事实证明,学生的行为最有影响力,在教师的有意巧妙的引导下,这种影响力会使自发的行为变为自觉的行为。

三、班主任培养学生的奉献意识时要立足于学生实际

这里所说的实际，一是指让学生乐于接受；二是让学生可以做到。让学生乐于接受，我们就不能在那里一味地讲大道理，而要用真情用实意打动青少年的心。高尔基在给儿子彼什柯夫的信中有这样一段话：“你走了，可是你栽的花却留下来，在生长着。我望着它们，心里愉快地想，我的儿子动身以后在卡普里岛留下了美好的东西——鲜花。……要是你在任何时候，任何地方，自己一生留给人们的都是美好的东西——鲜花、思想、对你的非常好的回忆——那样的生活将会是轻松和愉快的。……那时你会想到所有的人都需要你，这种感觉会使你成为一个心灵丰富的人，要知道给永远比拿愉快。”

要让学生去做，班主任就要让学生知道奉献的途径有很多。战争年代，抛头颅，洒热血，捐躯赴国难是奉献；在和平年代，公而忘私，舍己为人，忘我工作是奉献。科学家的忘我劳动是奉献；工人的辛勤劳动也是奉献；战士去边疆站岗放哨，保家卫国是奉献；环卫工人默默地起早摸黑，做城市的美容师还是奉献。作为青少年学生，努力学好科学文化知识，加强思想道德修养，为建设祖国保卫祖国时刻准备着，这也是奉献。

四、要引导学生多看这方面的书籍及有关名人事迹

我们要让学生在阅读中懂得：奉献，体现出一种美好的心灵，高尚的情操。乐于奉献就是催人奋发，激人上进。同时，也

只有当人献身于帮助其他生命的时候，人类才是道德的。人类就是在一曲曲动人的奉献歌声中走向现代，走向文明，走向未来。因此，人们歌颂奉献精神，赞美奉献者。“春蚕到死丝方尽，蜡炬成灰泪始干”歌颂的是奉献精神；李纲自比病牛，“但使众生皆得饱，不辞羸病卧残阳”，歌颂的是奉献精神。

我们培养了学生的奉献意识，当他们踏上工作单位时，他们就更容易懂得人生的价值不取决于具体职业本身，奉献也不会受职业的限制。“三百六十行，行行出状元”，行行都是为人民服务。到那时就可以说：我们培养了乐于奉献的新人。

在人的心灵深处，都有一种根深蒂固的需要，这就是希望感到自己是一个发现者、研究者、探索者。而在儿童的精神世界里，这种需要则特别强烈。

——苏霍姆林斯基

如何培养学生的独立分析能力

在学校经常可以看到这样的现象：不少学生的依赖性非常强，缺乏最基本的分析能力，不管是在生活中还是学习中，遇到一点事情都要求助于老师或者父母，面对这样的情况，班主任该怎么处理呢？

随着年龄的增长，学生思维的独立性和批判性会越来越活跃。表现在日常学习中，他们不甘落后，希望自己的能力得到发挥并得到别人的承认。他们不满足于以前的那种对事物的表面认识，而更渴求探知隐藏在现象背后的本质东西。学习实践中提出更多的已不是“是什么”，而是“为什么”。这时候，假如施教者不能为学生提供一定的思维空间，不能满足学生思考的需要，使其体会到人类最大的欢乐——认识的欢乐，就会大大挫伤学生的学习积极性，泯灭学生创造性思维的发展和学习兴趣，阻碍学习能力的提高。前苏联著名教育家苏霍姆林斯基就提出了“独立发现的道路让学生去走”的著名观点。

对广大班主任和科任教师来说，培养学生的独立分析能力要遵循一定的原则，在教育教学过程中实施一定的教育技巧和方法，否则就不能达到预期的目的。

1. 肯定学生的能力。班主任教师应承认学生有发展的潜能，尊重青少年学生喜欢独立思考的愿望和需要，相信在教师的指导下，学生能凭自己的聪明才智解决一些问题，取得多方面的成功。这是有效地培养学生独立分析能力的基础。

2. 帮助学生积累知识。一是从宏观的角度讲，学生应多读多看，扩展知识面，丰富知识内涵，为提高独立分析能力创造一个广博的知识背景。因为知识的深度和广度在很大程度上制约着能力的发展。掌握的科学知识越多，知识的网络化水平越高，独立分析问题的能力就越强；掌握的知识越深，理解得越透彻，分析问题就越全面。二是从较微观的角度讲，教师应针对教学中的具体内容指导学生做好知识铺垫，为学生独立分析解决问题创造条件。苏霍姆林斯基就特别注重对学生具体知识背景的培养，他说：“教学大纲里有一些最难的章节……有经验的教师总是设法在学习这些章节之前、之后或者同时，让学生阅读一些科普书刊。学生还没有学过量子理论的基本概念，还有许多不懂的东西，可是已经在读有关这一问题的书，这点倒是没有任何可怕的……在课堂上讲解新教材以前就让学生积累问题——还倒是教学论上很值得研究的一个课题。”当代美国教学论专家奥苏伯尔用“先行组织者”来促进学生学习，收到了良好效果。所谓“先行组织者”，是先于学习任务本身呈现的一种引导性材料，目的是为新的学习提供概念上的固定点。

3. 适当增加难度。也就是我们通常所说的使学生“跳一跳，够得着”，只有教学内容具备一定的难度，才能刺激大脑皮层的兴奋，激发学生独立分析的热情和兴趣。就学生本身而言，由于抽象逻辑思维能力的发展，他们也很希望在学习中面对一些挑战性的问题。关于“一定难度”与提高教学质量问题，苏霍姆林斯基作了非常辩证的论述，正是在这个时候，当学生的头脑需要思考、推论和研究的时候，他却被解除了思考的任务，教师想出各种巧妙办法，都是为了尽可能地减轻学生对掌握教材的困难，结果得出了一种很荒诞的情况，本是应该减轻学生脑力劳动的办法，却在实际上把学生教得不从事脑力劳动了。

4. 调动师生双方的主动性。单凭教师不行，单凭学生也不行，而必须调动师生两个积极因素，即现代教学论的“以教师为主导、学生为主体”。所谓“越俎代庖”，就是教师违反了现代教学论的这一精髓，把本来应该让学生分析、总结、归纳、解决的问题，由教师包揽，致使学生始终处于被动接受地位，成为发展学生独立思考能力和创造精神的严重桎梏。避免“越俎代庖”现象的发生，施教者应转变教育观念和教学方法，加强对现代教学理论的学习研究。当今世界范围内的教学改革蓬勃兴起，并不断向深层次发展。改革开放以来，我国也出现了魏书生、邱学华等教育改革家，兴起了愉快教育、成功教育等教学改革与实验。其理论和实践的共同特点是：在重视传授知识的同时，更重视发展学生能力；在重视发挥教师主导作用的同时，更重视学生对教学过程的参与、发挥学生的主体作用。对此，我们的施教者应善于学习，从中吸取营养，并把它应用到实际教学中，定能取得较好的效果。

5. 对学生非智力因素的培养。包括情感、意志、性格、气质、兴趣、理想、信念等。非智力因素的良好品质可促进智力的发展，而不良品质可抑制智力的发展。独立分析能力是一种复杂的脑力活动，而对一个问题从最初的困惑到最后解决，需要漫长而曲折的思维过程，需要付出艰辛的劳动。因此，青少年学生独立分析能力的提高，还在于培养其敢于独立分析的勇气和兴趣，铸就百折不挠的意志、树立战胜困难的决心和信心。

教师特别是班主任在培养学生的非智力因素方面起着很关键的作用。青少年学生的逻辑思维能力还比较薄弱，意志毅力还有待磨砺，在分析解决问题的过程中遇到困难挫折容易灰心。当学生感到“山重水复疑无路”时，班主任教师若能及时点拨指导、鼓励期待，就会大大增加学生克服困难的信心和力量，收到“柳暗花明又一村”的效果。

生活就像海洋，只有意志坚强的人，才能到达彼岸。

——马克思

学生经不起挫折 缺乏意志力怎么办

现在的独生子女越来越多,从小他们便集万千宠爱于一身,就像温室里的花朵经不起风吹雨打。小军就是这样的一个代表,就读小学五年级的他经受不住任何的挫折,一次考试考砸了,就鼓不起勇气面对现实,做不到继续努力,迎头赶上。在生活中也是,在和同学在交往的过程中出一点问题就哭鼻子,不懂得自己独自去面对和解决。面对这样的学生,班主任要怎样处理呢?

世界卫生组织指出:"健康不仅是疾病与体弱的匿迹,而是身心健康的完美形态。"《中共中央关于进一步加强和改进学校德育工作的若干意见》指出：通过多种形式对不同年龄层次的学生进行心理健康教育和指导，帮助学生提高心理素质，健全其人格，增强承受挫折、适应环境的能力。因此，如何提高青少年学生的心理素质，增强他们对挫折的适应能力，这是目前小学阶段心理健康教育的重要内容。

一、学生心理挫折的成因

众所周知，随着社会经济的发展和家庭生活水平的提高，当代青少年学生大都在非常好的环境中成长起来的，是“在蜜糖水中泡大的”一代。因此，这一代孩子更容易在学习和生活中遭受挫折。主要原因有：

1. 激烈、高压的学习竞争。学习是学生的首要任务，学生一般都对自己抱有一定的期望，一旦达不到期望的目标，就容易对自己产生不满，而导致心理受挫。特别在当前，家长望子成龙、望女成凤心切，学生学习失败后往往遭受冷遇、歧视和斥责，使学生处于焦虑状态。学习成绩达不到目标；作业过多，不能按时完成；学习成绩差，造成过重心理压力；无机会显示自己的才能等，成为造成学生心理受挫的主要因素。

2. 弱化、忽视的“主体地位”。随着孩子年龄的增长，独立自主的要求会日益强烈起来，精神生活的空间也在不断扩大，社会视野更加广泛，他们大都渴望与成人建立一种平等的关系，并取得家长和教师的支持。但在学校，教师往往居高临下，不尊重学生的意见和行动；在家中，父母极力构筑“没有危险”的安全地带，却忽视了孩子的独立意识的培养。在学校、家庭的“专制”环境中，学生会因自己不被人重视而产生心理挫折感。

3. 自闭、孤立的人际关系。有这样一件事，初一(3)班几位喜爱踢足球的同学自愿组成球队，有一次足球队到体育中心去踢球，没有通知一个伙伴，而这个孩子就认为队友冷淡他，从而陷入苦闷之中。因此，没有良好的心理素质，尚未成熟的青少年学生会在不良的人际关系中遭受心理挫折。

4. 突然、意外的刺激。如亲人伤亡、父母离异或家中发生重大变故等，往往会使有直接关系的学生受到影响，产生消极心理。意外事件不会经常发生，也不会发生在多数家庭，但意外事件一旦发生，将会使学生受到重大影响，引起挫折。

5. 残缺、受损生理(或心理)条件。由于个人的心理和生理条件的限制，会使个人的目标无法实现，产生挫折。例如，一个患有色盲的学生无法识别活泼多变而又复杂的颜色，难以体会其中的乐趣，有可能对今后的学习、工作带来不便。

二、学生受挫的表现

1. 攻击性行为。受社会环境的影响，青少年学生争强好胜，自控能力又较弱，受挫后很容易引起攻击性行为。如学生受到教师批评不敢反抗，会将怒气发泄到比自己弱小的同学身上或偷偷地破坏公物。

2. 散漫性行为。孩子一旦受挫，心理上就会受到较大伤害，产生“我就不行了”的消极心理，自暴自弃，发生迟到、早退、旷课等不良现象。

3. 逃避性行为。有的学生对学习中的困难估计不足，预期目标一旦不能实现,难以正视挫折。先是产生恐惧感和焦虑感,进而会怀疑自己的智力和能力。性格外向的学生会变得少言寡语,不苟言笑;性格内向的学生会变得更加心灰意冷,消极悲观,甚至放弃目标,逃避现实。

4. 报复性行为。大量因父母离异而受挫的学生有较强的报复心理,同学之间稍有矛盾,就不原谅,哪怕是同学在写字的时候不小心碰了他一下,他也会立刻反击一下。有的甚至用撕别人的作业本、偷别人书籍或文具的方式进行报复。

5. 固执性行为。一些常受教师指责的学生,其实心中已经知道自己的某种行为不当。如果班主任教师采用惩罚手段,或是经常性地训斥,则会使学生更加固执,坚持不当行为。

三、学生心理挫折教育的方法和途径

1. 教育学生正确对待挫折。挫折是生活中常见的现象,不可避免,关键在于怎样正确对待挫折,迎头赶上。法国大文豪巴尔扎克曾说过:"世界上的事情永远不是绝对的,结果完全因人而异。挫折对于天才是块垫脚石,对于能干的人是一笔财富,对于弱者是一个万丈深渊。"我国著名作家鲁迅也说:"失败也是我所需要的,它和成功对我一样有价值。"通过这样的格言,使学生认识到挫折给人带来的不只是灾难、失意和无情的打击,它也能引导人不断提高认识能力,增长才干,古人云"吃一堑,长一智",正是这个道理。这就是挫折的两重性。班主任要培养学生战胜困难的勇气,使学生充分认识吃苦精神,并在学习和生活中不怕吃苦,不畏挫折。

2. 营造轻松愉快的氛围，减少受挫因素。虽然轻度的、较少的挫折对孩子的成长有磨炼作用，但对孩子的自尊心、自信心还是造成有一定的伤害，应想方设法避免。因此，为孩子创造轻松愉快的成长环境是减少挫折的首要条件，这就要求班主任做到：

(1)对学生的期望符合实际，要求不能过高过严，干涉无需太多。

(2)要对学生充满爱心，给予温暖，不讽刺挖苦，不谩骂体罚。

(3)要有一份公正心，对各类学生，无论是成绩优异的，还是成绩稍差的，一律公平对待，不应存有任何主观偏见。

3. 开展丰富多彩的活动，在活动中进行集体辅导。

(1)开展"优点轰炸"活动，培养学生自信心。活动中先让学生本人找出自己的优点，再让其他同学找出自己没有发现的优点，尽可能地把优点"炸开"，找出更多的优点，让其释放光芒。这样可使学生心情愉悦，自由畅谈，对于平时较自卑、极少发言的学生也要尽量找出其优点，培养其自信心。

(2)开展"优秀人物伴我行"活动，进行榜样示范。学生喜欢模仿，善于模仿，一旦有了榜样，他们会模仿榜样的行动去做，并进行比较，找出差距，明确努力的方向。利用古今中外的典型人物在挫折中成才的典型故事教育学生，鼓励学生在逆境中振作精神，变压力为动力。选取的榜样，要有远有近，才有说服力。半身瘫痪却身残志坚，以顽强的毅力战胜挫折，精通多门外语，掌握许多医学知识，出版多部著作，在事业上取得辉煌成就的张海迪，这是"远"的榜样，令人心灵震撼。同时，我们生活中间还有许多战胜挫折的“近”的榜样，更具有生动的教育意义。如下岗工人重新找到生活的坐标，高考落榜者自学成才等等。

(3)开展“模拟咨询”活动，培养承受挫折的能力。首先，让学生把自己的挫折(或苦恼)写在纸上，收集后让每位学生扮演心理医生，随机抽取一张，帮助解决。在帮助他人解除烦恼的过程中，达到自我调节、自我教育的目的，使学生在活动中体验到每个人都会有挫折，都会有烦恼。这样，学生承受挫折的能力就会明显增强。

4.加强心理辅导，重视个别教育。

(1)开展心理咨询，建立健全心理档案。每学期初，班主任都应对学生自卑、自私、自负、学习焦虑、消极、厌学等方面的情况对学生进行调查，根据其结果为每个人设立一份心理档案。这样就利于班主任依据不同情况进行引导教育。

(2)理解信任学生，消除对立情绪。对立情绪是学生受挫后逆反心理的反映。班主任要通过正面的、积极的教育，提高他们的思想认识，增强他们的理性思维能力。由于每个青少年都有较强的自尊心和上进心，都渴望得到别人的尊重、信任和鼓励，因此遇事要征求他们的意见，维护其自尊心。同时，要相信学生会有进步，要创设宽松和谐的环境，消除对立情绪。

(3)表扬鼓励学生，消除自卑。对学生的教育不要太急，更不能在公开场合大肆批评，而要根据因材施教的原则，依据循序渐进的要求提出目标和任务，让学生时刻有“跳一跳，够得着”的感觉，让他们体验成功的喜悦，增强前进的信心和毅力，消除自卑。同时，班主任应善于发现学生身上的闪光点，运用合理的迁移规律，让学生甲方面的成绩转为乙方面的信心，即所谓“他山之石，可以攻玉”。

(4)创设挫折环境，磨炼坚强意志。“宝剑锋从磨砺出，梅花香自苦寒来。”在设计教育活动时，要专门设计一些军训、越野、远足等项目，让学生感受痛苦，磨炼意志，正所谓“增益其所不能”。当学生陶醉于自己的成绩之中，忘乎所以时，班主任教师还可有意识的设计一些难度较大的题目，让学生体验一次失败的痛苦，使他们挫折环境中不断成长。

总之，挫折教育是一项系统工程，需要学校、家庭和社会的共同努力。在这个过程中，只有三者认识的一致、态度的一致、言行的一致、行动的一致，才会形成强大的教育合力，才能真正地帮助学生。

第五编

与家长携手

学校教育要与家庭教育相协调，相互支持，形成合力，才能使教育达到最佳状态。因而，作为两种教育的中介人，班主任的工作是复杂而细致的。它需要用心去做，用技巧处理好家庭与学校之间的教育关系。

如果你是对的，就要试着温和的、技巧的让对方同意你；如果你错了，就要迅速而热诚地承认。这要比为自己争辩有效和有趣得多。

——卡耐基

如何与家长进行融洽的沟通交流

教育是一项系统工程。学校教育和家庭教育相辅相成，两者在教育学生成才的目标上是一致的。家庭教育是学校教育的基础，学校教育是家庭教育的补充。但由于教育过程的复杂性、学生个性的差异性、教育观念时进代变迁性、教育方法和手段的多样性，班主任与家长在教育上难免产生分歧和矛盾。那么，班主任应该怎样协调处理好与学生家长的关系呢？

一、以诚相待，用诚心架起沟通的桥梁

与学生家长沟通，讲究一个"诚"字。只有诚心诚意，才能打动家长的心，使他们愉快地与班主任合作，有效地促进家长科学地开展家庭教育，提高家庭教育水平。

1. 不管是家访还是家长来校交换意见,班主任应该立即转换角色,把自己当作家长的朋友,这样与家长说话就变得容易多了,千万不要板起面孔去教育家长,否则很难解决问题。家长来访时,应尽量做到起身欢迎,同时要使用文明用语等等。这样家长就会明白你是一位有修养的班主任,为彼此间的交流奠定了良好的基础。

2. 家访或家长来访前要做充分的准备。为了让家长知道班主任对他(她)的孩子特别重视,家访或家长来访前要充分了解学生的情况,包括学习成绩、性格特点、优缺点、家庭基本情况以及班主任为这个孩子做了哪些工作等等,最好拟一个提纲。这样,在与家长交流时,就能让家长产生老师对他(她)的孩子特别重视的感觉以及班主任工作细致、认真负责的印象,这样从感情上容易沟通。

3. 倾听家长的意见。让家长表达他的意见很重要,谦虚诚恳,专心倾听,会让家长感到很受重视。即使是一个满腹牢骚、怨气冲天,甚至最不易对付的家长,在一个具有耐心、同情心的善于倾听的班主任面前,常常会被"软化"得通情达理。要耐心地听家长倾诉,同时要辅以眼神、动作,间或插以"是"、"对"这样的短语呼应,同时要表现出对家长心情的理解,坦诚地与家长交流,这样可以对学生情况更全面的了解。

4. 尊重家长。班主任与家长谈话时,要尊重家长,面带微笑。不能一见面就"告状",埋怨数落家长的不是,这样只能使家长产生逆反心理,与教师对着干。事实上,班主任能够从家长身上得到大量信息,也能从家长的厚望中激起从事教育事业的崇高感和责任心。很多家长又能从老师身上汲取教育的知识技能,并为教师的师德精神所感动。这样,班主任与家长结成和谐融洽、互相信赖、彼此合作的教育同盟力量,共同完成把孩子教育成才的重任。

二、善于与不同类型的家长沟通

与学校教育相比,家庭教育有一个显著的特点,那就是“个性”突出。因为家长的组成是非常复杂的,其知识结构、职业类别、性格气质、修养程度等都参差不齐,没有哪一种家庭教育方法是万能的,某种方法在这个家庭有效,但到另外一家则可能不灵。班主任应对学生家庭进行调查分析,对家长的文化水平、职业状况、年龄、家教思想、家庭关系等做到心中有数。对待不同层次的家长,可以用书信、电话、家访等多种形式,与家长取得沟通。在与家长沟通的过程中,要有针对性和实效性。

1. 对于有教养的家长,尽可能将学生的表现如实地向家长反映,主动请他们提出教育措施,认真倾听他们的意见,充分肯定和采纳他们的合理化建议,并适时提出自己的看法,和学生家长一起,同心协力,共同做好学生的教育工作。有些家长对学生的家庭教育的措施是很好的。

2. 对于溺爱型的家长,交谈时首先肯定学生的长处,对学生的良好的表现予以真挚的赞赏和表扬,然后再指出学生的不足。要充分尊重家长的感情,肯定家长热爱子女的正确性,使对方从心理上能接纳意见。同时恳切地指出溺爱对孩子的危害,耐心热情地帮助和说服家长采取正确的方式教育子女,让家长如实地反映学生的情况，千万不能因溺爱而隐瞒孩子的过失。

3. 对于放任不管型的家长，班主任要多报喜，少报忧，使家长意识到孩子是有发展前途的，激发家长对孩子的爱心与期望心理，改变放任不管的态度，吸引他们主动参与教育孩子的活动。同时要委婉地指出放任不管对孩子的不良影响，从而增强家长对孩子的关心程度，加强家长与子女之间的感情，为学生创造一个良好的家庭环境。

4. 对于后进生的家长，往往要让家长对孩子充满信心。班主任最头痛的是面对后进生的家长。面对孩子可怜的分数，无话可说；面对家长的失望叹息，无言以对。对于后进生，班主任不能用成绩这一个标准来衡量学生，不能哪壶不开提哪壶，要尽量挖掘其闪光点，让家长看到孩子的长处，看到孩子的进步，看到希望。对孩子的缺点，不能不说，但一次不能说得太多，不能言过其实，更不能用“孩子很笨”这样的话来刺激家长。说到孩子的优点时要热情、有力度，而在说缺点时语气要委婉，这样就会让家长对孩子有信心。只有家长对自己的孩子有了信心，才会更主动地与教师交流，配合教师的工作。

5. 对于气势汹汹的家长，班主任要以理服人。遇到这种情况，要沉住气。最有效的做法就是面带微笑。在人际交往中，微笑的魅力是无穷的，微笑能让人轻易度过尴尬、困难的场合，既能赢得别人的好感，还能体现自己的宽容大度，从而消除误解和矛盾。

总之，教育是一种智慧，还是一种策略，需要我们班主任因人而异，因时而异。就是对待同一个家长，不同的时候方法也不是一成不变的。

三、正确地评价学生

首先肯定学生的优点，避免挫伤学生及家长的自尊心。教师与家长接触，往往离不开评价学生。在家长面前评价学生，可以先请家长谈学生在校外的表现，而后教师谈学生在校内的表现，要肯定学生的优点、进步和成绩。这样彼此之间容易达到心理平衡。应该极力避免在与家长的交谈过程中，由于学生所出现的问题，产生老师和家长相互责备对方“没有教育好学生”的心理阻碍，导致关系僵化。

其次要树立正确的学生观。客观地、全面地评价每一个学生，使家长觉得这是教师的肺腑之言，感到学校教育的目的和任务与家长的愿望是一致的，从而做到相互支持，共同教育学生。

再次要讲究方式，在共同语言上多交流。班主任要注意语言技巧的运用，切忌挫伤家长的自尊心。因为家长都有一个望子成龙、望女成凤的思想，“庄稼是别人的好，孩子是自己的好”，在他们心里，自己的孩子是不错的。假如，班主任在家长面前尽说学生这也不好那也不好，把学生看扁了，会严重地挫伤家长的自尊心，毕竟最差的学生也还有他的闪光之处。

总而言之，班主任和家长的交往非常重要，班主任和家长良好关系的建立需要靠老师的责任心，靠相互的尊重，靠彼此感情的沟通，而它又建立在对学生正确评价的基础上。班主任应以与时俱进的精神去学习、总结、融合他人的成功经验，以创新思维来指导自己的工作，在工作上形成新的思路，开创新的局面。

正确教育子女的方法，我认为最主要的应该是爱和严相结合。在生活上既要给予子女适当的父母之爱，在政治上又要严格要求他们，特别要舍得让他们到艰苦环境中去锻炼，在风雨中成长。这才是真正的爱。

——吴玉章

家长对孩子要求过宽或过严怎么办

这是一位上海母亲的困惑：高考前一周开始，家住浦东的秦妈妈就成了一个有家的流浪者，原因是正在准备高考的女儿实在受不了她无微不至的“关怀”，强烈要求她不要出现在自己面前。秦妈妈说，为了女儿能够考上名牌大学，天天给她吃营养品，陪她一起复习，什么家务事都不让干。难道如此关心女儿还有错吗？

这是一位父亲的苦恼：他的家地处山区，夫妻双双出外打工，家里只剩下读书的孩子。孩子由爷爷奶奶抚养，但老人对孩子太过宠爱，管教无方，过多的迁就和袒护，使得孩子花钱如流水，不求上进，经常逃学，而且还迷恋上了游戏机，甚至为了玩游戏走上了偷窃之路。

望子成龙、望女成凤，父母常常把自身成长过程中的种种遗憾，用最美好的希望寄托在自己孩子的身上。正所谓"爱之过切、求之过严"，要求孩子不能这样，不能那样，让孩子按照自己规划的道路发展。而有些家长则认为"树大自然直"，对孩子基本上是不闻不问，顺其自然，或是因为忙于事业而无暇照顾孩子，或因受自身条件限制而无奈放弃。

家长对孩子要求过宽或过严，都非常不利于孩子的健康成长。学校作为专业的教育机构，班主任作为专业的教育工作者，有必要给予家庭教育一些指导和帮助。

一、帮助家长树立大教育观，形成教育合力

大教育，是社会、学校和家庭有机配合的教育。家庭教育作为大教育的组成部分之一，是社会教育和学校教育的基础，只有当家庭和学校形成教育合力，对孩子的教育才能起到事半功倍的作用。因此，班主任要充分利用家长学校、家教咨询活动、家长会、家访等方式，帮助家长掌握教育规律，学习教育方法，提高教育水平，走出教育误区。班主任有义务帮助家长认识到：要信任孩子，让孩子学会自主；要赏识孩子，挖掘孩子的闪光点；要尊重孩子，平等地与孩子进行交流沟通；要顺其天性，循序渐进，切忌揠苗助长；要以情动情，适度宽容，但不能放任自流。

学校积极指导家庭教育，家长主动配合学校教育，家庭教育和学校教育保持一致，及时找出孩子的不足，交流反馈，这样才能共同促使孩子取得更大进步。

二、积极协调家长和孩子之间的关系

家长对孩子要求过宽或过严都会引发孩子与家长之间的矛盾，班主任要做好学生和家长之间的“黏合剂”。

首先班主任要教育孩子爱父母，理解父母。班主任可通过主题班会、文艺活动等形式对孩子进行爱父母的教育，让学生明白“可怜天下父母心”，让学生对父母多一些尊重和理解。同时，班主任要引导家长关爱孩子，将家庭教育摆在正确的位置上：对孩子应该严爱结合，严中包含着说理、引导和启发，与尊重、信任、关心、热爱孩子相结合，做到严中有爱，爱中有严；不能只抓分数，更要抓素质教育；将孩子摆到合适的位置上，尊重孩子的选择，让他们能够自由地快乐成长。

家庭教育应该与学校教育统一认识、统一步调，分工协作，密切配合，才能取得良好的教育效果。家长要优化自身素质，要优化教育方式，对孩子严爱结合，走出一条适合孩子成长的教育之路。

捧着一颗心来，不带一根草去。
——陶行知

家长请客送礼时该如何对待

在人们的印象中，学校是一方净土。然而，在“拜金主义”等不良风气的冲击下，学校也变得浮躁不安。不知何时，请客送礼之风已吹进了校园，迅速蔓延，并悄然变质。由起初的贺卡到保健品，再到烟酒、化妆品、高档手机等，吃的、用的、穿的都有，还有直接送红包的。刚开始是学生给老师送，后来干脆由家长代劳。送礼对象主要给班主任或者是语文、数学、英语等主课老师。近些年来，校园送礼问题越来越盛行，怎么都难以看成是学生对老师真挚情感的真实表达。孩子给老师送礼的目的大多非常纯洁，而家长呢？送礼就未必完全出于对老师的爱，讨好、攀比等成人化的动机会隐藏在其中。送礼之风一经个别人带起，师生间正常的高尚的感情就被掺入了沙子。在这种情况下，老师难免会对相关的学生多些“关照”。因为请客送礼，学习不努力、表现乏善可陈的学生竟被评为三好生，使得学校公正的天平失衡，竞争向上的气氛荡然无存；因为请客送礼，使得孩子攀比心理加重，虚荣心剧增，“有钱能使鬼推磨”的思想在孩子心中扎根……这些无疑将污染孩子纯洁的心灵，影响孩子的健康成长。

面对家长送礼风，班主任应该怎么办？

一、加强自身修养，抵制歪风邪气

“教师本人是学校里最重要的师表，是最直观的最有教益的模范，是学生最活生生的榜样。”教育家第斯多惠如是说。

学校无小事，事事皆教育；教师无小节，处处当楷模。教师守住道德底线，不收受学生的礼物。因为我们面对的是需要对其品性进行塑造的“花朵”，如果这些“花朵”从小就缺少好土壤的滋养，从小就受到不良风气的侵蚀，那后果将是可怕的！有一个学生，其家长从事餐饮业，这位学生因为多次目睹一些单位管事人员要求他父母虚开发票的行为，所以对“腐败行为只是社会支流”的观点怎么也无法认同，任你怎样解释，都难以消除他心中的“烙印”，可见耳闻目睹的社会现实对未成年人的影响有多大。如果教师收受了家长或学生所送的礼品，形象必然受损，学生对老师的信任度必然降低，继而就会影响教育效果。孔子说：“其身正，不令而行；其身不正，虽令不从。”古今中外名垂青史的教育家，无不具有高尚的品德。世风不纯，不意味着教师就可以随波逐流。教师固然清贫，但一定要从我做起，抵制歪风，绝不能带头击碎道德底线。

二、拒绝从第一次开始

一所重点学校的吴老师说："教师收礼是作茧自缚。当一位家长给你送礼时，如果你没有拒绝，从那一刻起，你就无法言行一致地倡导平等和公正了。你的良知和正义不允许你对那位家长的孩子特别关照，但你在批改作业时、上课提问时、安排座位时……那份礼物总会在你脑子里冒出来，你的工作就不那么从容和自由了——你由一个受人尊敬的教师沦落成了礼品的奴隶。也许有教师说：'我可以做到边收礼边平等。'我不信有这种人，即使有，那他收人'香火'，却没有替人'消灾'，不也同样要接受良心的拷问吗？"

如果第一次没有拒绝，自然会有第二次，而且世上没有不透风的墙，学生之间也有交流，在他们头脑中自然会形成这样的印象：我们的老师对某某这么好，就是因为收受了他家长的礼物。要时刻记得你的一举一动都将左右和影响着你的学生，不要破坏你在他们心目中的地位。

三、学校和教育管理部门应该发挥效能

杜绝家长请客送礼，仅仅依靠教师的自觉是不行的。要从根本上制止这种不良风气，学校和教育管理部门是关键。必须拿出切实有效的办法，在加强师德师风教育的同时，靠制度斩断教师索要钱物的黑手，还校园一个纯净的天空。卢志文校长在翔宇教育集团办学理念中公开提出："不接受家长宴请，不收受家长礼物，不利用家长办事"，学校把它看作是关系到每个家庭

切实利益,关系到教师形象,关系到我们民族未来的大事。什么时候请客送礼之风在校园销声匿迹了,什么时候我们的校园就开始纯净了。

面对我们的大环境,请客送礼之风,还不能就此绝迹,所以有老师认为:“现今校园里的确有了滋生腐败的温床,可我们也不能因噎废食,对学生给老师送礼一概予以否定。一般情况下,下面几种礼品老师可以收取:一是为了表达对老师的感激或体现纯洁感情,有纪念意义同时价格又不昂贵的礼品。这样的礼品,不是为了拉拢、收买老师,想在老师那里得到不正当的好处,对此,老师不仅要收,而且还要精心珍藏。二是学生步入社会,有了自己的收入后送的礼品。三是为了酬谢老师的栽培,学生自己动手做的礼品。所谓‘千里送鹅毛,礼轻情意重’,这样的礼物能不收吗?总之,不是为了走歪门邪道,而是为了表达师生真挚感情的礼品,老师应该收取。而那种为了达到某种不可告人目的而送的礼品,则坚决不能收。”

在我国,目前教师这一职业还是比较清贫的,但我们要看到随着国家经济的不断发展,国民素质的不断提高,国民收入的持续增高,教师的待遇也在逐步改善。虽然我们不必再像古人那样安贫乐道,但是不要忘记,无论什么时候,我们都应该是无愧于太阳底下最光辉的职业。

> 父母对自己的子女爱得不够，子女就会感到痛苦。但是，过分的溺爱虽然是一种伟大的情感，却会使子女遭到毁灭。
>
> ——马卡连柯

家长溺爱孩子怎么办

古时候,一个孩子从小恣意妄为,而他的父母却从不加以约束,结果孩了长大杀了人被判极刑。临刑前孩子提出想再吸吮一次慈母的乳头,母亲就真的解开衣襟喂给他,他却一口咬下了母亲的乳头哭诉道:“当初你们要是早些管教我,何至于有今日之死!”

我国的家庭大多是独生子女,这些孩子在父母、祖父母、外祖父母的溺爱中成长。主要表现为:

1. 娇生惯养,百依百顺。对子女凡事迁就。许多父母错误地认为,满足孩子的一切要求(包括不正当的要求)就是对孩子的爱。穿名牌、爱打扮,从“饭来张口、衣来伸手”演变到成了“以车代步,名牌包装”。

2. 袒护包庇。许多父母对子女的缺点错误不教育、不批评，反而加以袒护。2003 年，学生小华(化名)用匕首将同班的一个同学捅死。据说出事之前，小华曾把该同学打成重伤，后因家人多方调解而未受到该有惩罚与教育，从而发展到沦为阶下囚，酿成人间悲剧。这说明家长对子女的宠惯，会在孩子心灵上播下自私任性偏执的种子，往往使少年形成不良的个性，造成少年违法犯罪的可能。

那么，面对各种家庭教育失当的问题，作为学校教育主要实施者班主任而言，该寻求怎样的对策呢?

前苏联著名教育家苏霍姆林斯基说：“教育的效果取决于学校和家庭影响的一致性，如果没有这样的一致性。那么学校教学和教育的过程就会像纸做的房子一样倒塌下来。”可见，学校教育要与家庭教育相协调，相互支持，形成合力，才能使教育达到最佳状态。因而，作为两种教育的中介人，班主任的工作是复杂而细致的。它需要用心去做，用技巧处理好家庭与学校之间的教育关系。为了让家长充分重视家庭教育，班主任可以采取以下做法：

第一步，第一次与新生家长见面时(最好家访)，就做到全面了解学生心理情况、学习情况、思想道德情况等等；了解学生家庭教育方面的有利因素和不利因素，以便建立各种档案。切忌在出现问题后，才进行第一次家访，这会造成工作的被动，并可能产生事与愿违的不良后果。

第二步，开学后，根据对学生的全面了解，帮助学生制订德育发展目标，并与家长进行沟通，共同研究修订德育目标，同时与家长研究如何采用科学的教育方法实现德育目标。因为初次相识,人与人的关系更具平等性,第一次合作彼此留下的好印象,无形当中会给存在教育失当的家长产生信任感,这为班主任今后展开工作、进行沟通架起了桥梁。

第三步,在日常工作中,根据学生在校的表现,特别是在德育方面发展的情况,确定需要家长支持的方面和与家长进行沟通的内容。充分给家长以教育的权利,培养起家长教育责任感。沟通的方法很多,除了召开家长会、对学生进行家访之外,还可邀请家长参加多种活动,如溺爱 AB 剧等各种形式的主题班会,抓住一切契机与家长进行沟通。让家长明白溺爱会给孩子身心发展带来何种不良后果。

回顾过去,受"学生是主体,教师是主导"传统观念的影响,班主任指导家庭教育常常以我为主,把家长完全当作教育对象或把家长排除在外。现在,新的教育理念告诉我们,在整体教育的大环境中,学生、教师、家长都是教育主体,这就是当代的"教育多主体"的观念。任何情况下,主体的发展必须依靠学习和自我教育。教育家乌申斯基说:"只有人格才能影响人格的形成与发展。"因此,班主任应该把自我学习放在重要地位,班主任有责任帮助家长进行学习,针对不同的家长采取不同的方式帮助他们意识到自己教育的失误,譬如,对溺爱型的家长可举李嘉诚待其子的方式,说明再富也不能富孩子,所谓"不幸乃是一所最好的大学",感怀贫困、适当耐挫仍是最好的教育。

班主任只有对学生的家庭进行充分的了解,并能坚持自身不断地学习,才能真正做到因材施教,让每一颗金子都发光。

只要自己相信自己，他人就会相信你。有效的沟通取决于沟通者对议题的充分掌握，而非措辞的甜美！

——佚名

如何开好家长会

“当了九年班主任，开了九年家长会，现在回想起来，总觉得缺乏新意，收获颇少。对于家长来说，孩子学习成绩不好或是淘气，开家长会时常常会感到尴尬，颜面无存；对于孩子来说，每次开家长会时总是心有余悸，胆战心惊。有些平时表现较差的学生甚至谎称父亲出差、母亲加班来搪塞老师，想尽办法不让家长来开家长会。”一位班主任如是说。

家长会本是一次绝好的学校、家庭、社会三方面相互交流、协调的机会，但它背负了父母老师太多的期望，以至于加重了学生的心理负担，增加了家长的心理压力，变得面目可憎。怎样让家长会更受孩子、家长的青睐，让孩子们消除紧张心理，让家长们开心而来受益而归呢？

一、家长会要有明确的主题

开家长会要有明确的主题，切忌胡子眉毛一把抓，从集体到学习，从文娱到劳动，看似面面俱到，家长听了，却如过耳之风，什么也没明确。一般来说，一学期的家长会，全校的要少于年级的，年级的要少于班级的。班级的家长会，全体家长到会的要少于学校目标细分而召集部分家长到会的家长会。换而言之，与其开全班的通报性质的家长会，不如分别开些目标更为具体的家长会。如学生干部家长会（指导学生学习与班级工作两不误，进一步提高全面素质），学习困难学生家长会（指导学生改进学习方法、提高心理素质、不畏困难），进步趋势明显的学生家长会（鼓舞干劲，指导学法，注重能力培养，从题海中走出来），纪律较差的学生家长会（注重对意志、情感、兴趣、性格等心理素质的培养，完善道德人格）等等。主题明确，那么家长必定会以极大的热情配合学校对孩子进行教育。所以，家长会主题明确了，效果就会更加明显。

二、会前的调查研究工作

为了确立主题，有必要在会前做一些调查研究工作，大致可分两个方面。一方面是对学生情况的调查。班主任需要对学生的思想动态、日常表现以及各科成绩有一个全面的了解，从而针对不同的类别，制定不同的对策。比如，某同学语文成绩好而数学成绩差，便可要求家长与校方配合，改进学生的数学学习方法并分配稍多些时间来学习数学，力求提高成绩。语文则只求保证原有水准不致落后。又如，某同学学习成绩有提高，但关心集体不够，则要求家长与校方配合，加强对该生的理想教育、道德情操教育，使之全面发展。另一方面是对家长情况的调查研究。要研究学生家庭特点，提出不同对策，这样能使学校教育与家庭教育得到完美的结合。

三、筛选目标，集中力量解决主要矛盾

调查后，结合年级、班级的具体情况，作出具体安排。既要表彰成绩好的同学，又要让成绩较差的同学家长配合督促子女的学习；既要介绍班里同学的先进事迹，以促使家长更加注重子女日常道德规范的养成，又要剖析学生学习困难的原因，力求取得家长的配合和矫正……凡此种种，都应该有个通盘的计划，通过筛选，找出目前需要解决的问题，作为本次家长会的主题，其余问题待本次家长会取得一定预期成果后再逐一解决。这样每开一个家长会就能取得一系列的效果，对学校、家庭共同努力，全面提高学生素质大有好处。

四、注重谈话技巧，力求和谐融洽

家长会上班主任一定要注重谈话技巧，切忌语言生硬、态度死板。回答家长问题时要耐心，做到实事求是，不夸大，不掩饰。对学生的优点要充分肯定，语气要舒缓、亲切，让家长感到老师对他们子女的关心；对学生的缺点和错误，不要“告状”，而应严肃指出后果，积极地帮助家长分析学生犯错误的原因，提出矫正的措施和意见，使家长感觉到学校对所有学生都一视同仁，甚至对后进生更为关心，于是家长能够放心，并乐于配合校方做好工作。

五、有意创设氛围，注重情感作用

班主任还应有意创设和谐氛围，注重情感作用，让家长感觉既隆重又亲切，使之自然而然对校方产生一种心心相印的感情。比如，环境布置得整洁些，小型家长会还可摆上一些鲜花盆景，在适当的地方张贴一些富于情感的标语，而不是让家长产生一种"子女不好父母挨整"的心态。只有家长与学校和谐融洽了，两股劲才能汇聚在一起，形成合力，起到更有效的教育孩子的作用。

推心置腹的谈话就是心灵的展示。

——温·卡维林

班主任与学生家长产生矛盾怎么办

班主任与学生家长的密切配合是学生健康成长的重要保证之一。但是,家长与班主任也常有出现矛盾的时候,遇到此种情况,应该怎样实现家长与班主任的密切配合?当然是双方共同的责任。可是班主任较之家长更熟悉各种教育知识,更懂得教育规律。所以,班主任应该意识到自己对这种合作负有更多的责任,为此班主任应努力做到以下几点:

一、分析原因,妥善解决

在家长与班主任的矛盾中,有的家长是因为与老师在对学生的评价上意见不一致,因而对班主任产生了意见;有的家长是因为不甚了解情况,对班主任产生了误解;也有一些确实是由于班主任工作失误或处理不当造成的。班主任应该根据不同情况,做耐心细致的工作,以达到消除隔阂、密切合作的目的。比如,由于环境因素或心理因素的不同,一些学生在家和在校的表现不尽相同,造成家长与班主任在对学生的评价上不一致。这就需要班主任和家长密切联系,互通情况,统一思想,及时发现家庭教育与学校教育的薄弱环节,使两者协调一致。

学生在家长与班主任之间往往自觉不自觉地传递各种信息。由于学生比较幼稚,把握事物不准确,也可能由于学生为了某种心理需要,在家长面前说学校的事情、说班主任的事情或在班主任面前说家里的事情时,都可能与事实有出入,甚至较大的出入,结果造成班主任与家长之间互相误会,产生矛盾。在这种情况下,只要说明事实真相,消除误解,矛盾自然会迎刃而解。

有时,确实由于教师本人对问题处理不当,工作出现失误而导致与学生家长产生矛盾。在这种情况下,班主任应该坦率、诚实、勇敢地承担教育责任,采取积极有效的措施进行弥补。要相信,只要态度诚恳,家长一定会和教师站在一起,求得他们的问题的圆满解决。

遇到个别家长胡搅蛮缠不讲理的情况时,班主任一定要冷静,尽量克制自己的情绪,不要使矛盾激化。同时,应紧密依靠学校领导和家长所在的单位领导,求得支持,促使问题得以妥善解决。

二、正确处理与各种类型家长的关系,预防矛盾发生

在正常情况下,所有的学生家长都希望自己的孩子好。家

长的这种心理是班主任能够与各种类型家长成功交往的心理基础。只要掌握恰当方法,双方是能够达到心理相容而形成教育合力的。

在与一般学生家长交往时,要注意他们中的多数是从事非教育性职业的,在教育方法上难免和班主任有分歧。因此,班主任和家长有必要共同学习教育学和心理学方面的相关知识,用教育理论把班主任和家长的思想、行动统一起来,在这方面班主任更要热情帮助家长,知道家庭教育。

在与“护短型”家长交往时,班主任要特别尊重他们的自尊心。比如,在指出他们的子女某些缺点错误的时候,要选择不使他们难堪的场合和环境;在和他们谈话时,宜用协商的口吻,以使他们的预防心理得到缓解。同时,班主任还应该适时地、帮助这类学生家长提高教育素养,了解当今学生的特点和国家对人才标准的要求,以利于对其子女的正确、全面的认识。

在与单亲家庭学生家长交往中有两种情况:一是与丧父或丧母学生的家长接触时,班主任应出以同情、关怀之心,多主动家访,认真体察其家庭的不幸及困难,促使其从悲伤中振奋起来,同时应多热情帮助其子女解决生活中的实际困难;另一种是与离异造成的单亲学生家长交往,班主任要紧紧围绕家长的希望心理开展工作,可与其主动联系,制定培养计划。孩子一旦发生了什么事,班主任教师应本着高度的责任心,加倍倾注自己的心血。

在与继父(母)家长交往时,他们往往会对班主任采取消极的态度配合。在此种情况下,班主任应积极把这部分学生家长纳入正确的教育轨道，如开家长会、联欢会等活动一定要邀请他们参加；多向他们报告学生的表现，特别是要注意介绍孩子的优点和长处，以增进感情，唤起他们教育子女的责任感。

在与学生祖父母、外祖父母交往时，由于他们对孙辈的感情胜似自己的儿女，常常以单纯的爱代替教育，所以在和他们交谈教育方法时，往往会出现障碍，这就需要班主任选取老人易接受的谈话方式，用更大的耐心和真挚的情感与老人交流，必要时也可与学生父母取得联系。

总之，班主任只要平时能和学生家长保持密切联系，及时沟通情况，就一定能使感情融洽，进而产生亲近感。这样，矛盾自然就会减少了。

用正视来表达尊重，用微笑来表达友善，用点头来表示肯定。

——佚名

年轻班主任如何与学生家长打交道

班主任处于学生、家长、科任老师三者之间，起枢纽作用。在学校中对学生影响最大的，是班主任；科任教师是不是能具有班主任意识，取决于班主任的亲和力；家长是班主任的同盟军，还是班主任的对立面，取决于班主任的沟通能力；家庭和学校是形成教育合力，还是分力，看的是班主任的水平。

年轻人做班主任，有很多优势，但经验不足等缺陷，也和优势一样明显。教育，每时每刻都在发生着，急需班主任通过培训，通过学习，通过探索，迅速在经验上丰富起来。

家长把学生送到学校来，第一个要求是什么？找一个有经验的班主任，有管理水平的班主任。因此，在和家长共同教育学生的过程中,如何让家长感受到班主任的经验,满意班主任的水平,尤其在教育就是服务的大背景下,就显得重要而且迫切。

青年班主任要把握好与家长的相处之道,要着意四个方面。

一、真诚

1. 勇于推销自己。初次接触,家长总会十分关心他们孩子的新老师是个怎样的老师,以便确信他们的孩子是否能更好地学习与生活。因此,所有和家长的第一次面对面就显得十分重要。要让家长们相信,你是一个好老师,是一位可以令他们信任的老师,是一个有能力教好他们孩子的老师。只有让家长对你产生足够的信任,甚至佩服,他们今后才会积极配合你、相信你。这一点很重要,这绝不是在家长面前炫耀自己,而是为了给家长一份信心,而这种信任也会对他们的孩子产生良好的心理作用,最终也给了你一份能教好这些孩子的信心与热情。反之,如果家长对你这位老师心存疑虑,甚至有所轻视,那么,今后的工作也就难以开展。这需要不动声色的自我展示,谈话、礼节、修养等等,不能让人有任何做作的感觉。

如果说信任是土壤,植根在这土壤上,沟通的花朵会很娇艳;如果说信任是桥墩,建筑在这桥墩上,沟通的桥梁会很顺畅。

2. 以心换心。班主任与家长当面交流,一般有三种情形:约家长到校来,家长主动来校和家访。不管出现哪一种情况,班主任都要注意做到以下三点:一要立即转换角色,把自己当作这个家庭的朋友,与家长说话就变得容易多了,千万不要以教育者自居，指示家长怎样怎样。二要让家长知道你对他的孩子特别重视。约见家长前要充分了解学生，包括学习成绩、性格特点、优点和缺点、家庭基本情况，尤其是你为这个孩子做了哪些工作等，最好拟一个简单的提纲。这样在与家长交流时，就能让他产生老师对他的孩子特别重视的感觉以及班主任工作细致、认真负责的好印象。这样从情感上就更容易沟通。三要理解和容忍家长对学生一定程度的偏爱、偏信与偏袒。社会大背景与独子家庭注定了要有大多数的家长在一定程度上溺爱孩子。因此，要学会换位思考，在以理服人的同时，要表现出对家长心情的理解，坦诚地与家长交流。

要让家长感觉，你希望他的孩子成才是出自真诚的，你对他孩子的关心是发自内心的，你的所有建议、目前的所有措施，确确实实是在为孩子的成才努力。

班主任在情感上的情真意切，外化为真诚的语言或行动，力争去使家长感动。要相信，绝大多数的家长是通情达理的。只是要注意，以诚感人要做到诚与情配合；以诚感人要做到诚与真结合；以诚感人还必须伴之以虚心。

二、耐心

1. 控制情绪。青年人情绪易激动，也易冲动。尤其是学生违纪请家长来，或是碰到一些性格暴躁的、对孩子溺爱过度的和偏信自己孩子的家长，面对家长的指责，很容易热血沸腾，语言失控，行为失控。家长从内心认为你是教育者，首先体现在对你修养的钦佩上。要知道,你和家长一样不理智时,你的教育形象就彻底被颠覆了。

有这样一个笑话:一位很年轻的爸爸,推着童车在人流中穿行,车内的小家伙大哭大叫,爸爸手足无措,满头大汗。走几步,就俯下身子对车上的小家伙说一句:“杰克,千万不要生气。”一旁有个人很好奇,问他:“这是你的儿子?”“是。”“他叫杰克?”年轻爸爸说:“不是,我叫杰克。”

当然,这是个笑话,但至少说明一件事实:当你最手足无措的时候,最尴尬无助的时候,最感觉不能容忍的时候,恰恰是最需要耐心来生成智慧的时候。

青年班主任刚刚走上工作岗位,由于年轻,家长可能对你的能力产生怀疑,甚至轻视你,这是正常的。从最初的怀疑,到观望,再到最后的信任,确实需要一个过程。而班主任要做的,就是把这个过程缩到最短。在这个过程中最需要的就是耐心。青年班主任年轻气盛,往往不能冷静面对家长的挑剔和无端的指责,克制不住自己感情,从而导致双方矛盾的激化,这也是极不理智的。

年轻的时候,耐心需要刻意地提醒自己去磨炼。面对较火的场面,心里数数也好,自我告诫三遍“千万不要生气”也好,总之要有办法,控制自己一触即发的情绪。耐心了,控制了,也就意味着你脱离了处事简单、方法粗暴、机械生硬的处理方法。耐心了,也就意味着你控制了事态的主动权和教育的走向。耐心,对家长而言，你所传达的信息是：我确实很爱学生和事业，而显现的是教育者的大度与大气。即便是遇上性格粗暴、刚愎自用，甚至蛮不讲理的家长，你也要以慢对快，以冷对热，以静制动，以柔克刚。

2. 让家长明白他的意见很重要。有一本书，封面上有一句话："一个好父亲等于一百个好老师。"这不是说家长的教育智慧与水平，而是说在知子莫若父（母）上，班主任是赶不上家长的。因此，班主任和家长面对面时，要谦虚诚恳，认真耐心地听家长倾诉，在专心倾听同时，要辅以眼神、动作，间或插以"对"或"是"这样的短语呼应，最好是动笔记一下要点，让家长感到自己的意见很受重视。

3. 班主任要善于倾听，也要善于询问和引导。一位优秀的沟通好手，必然是一位耐心倾听他人的意见并关心他人感受的人。千万不要只顾自己滔滔不绝，一吐为快，剥夺家长讲话的机会。班主任要积极饶有兴趣地倾听，同时要善于捕捉机会，反"客"为"主"，反听为说；要多用开放式提问，尽量少用封闭式提问等等。尤其是在学生犯错，而家长在对待犯错上有不同认识的时候。

让家长表达他的意见很重要，即使是一个牢骚满腹、怨气冲天，甚至最不容易对付的家长，在一个具有耐心具有同情心的善于倾听的班主任面前，常会被"软化"得通情达理。

4. 语气要委婉。青年班主任面对的是比自己年长的家长，不能居高临下，避免使用“你应该”或“你必须”等命令性的字眼，而应该说“我认为”或“你认为怎样”这些带有婉转、协商性质的词语，这样家长更乐意也更容易接受班主任的建议。当然也不能过于谦虚，在确定无疑或原则问题时，语气也应该十分肯定，让家长相信你的意见是不容置疑的。这也就是我们经常说的，充分尊重家长，但也不迁就家长。

三、微笑

微笑的字面含义很简单，但它在教育技巧中的力量却是无法估量的。和家长打交道，要发挥微笑的无穷魅力。家长一时不理解时，要克制自己的怨气，不要和家长争执，轻声细语、适度静默和脸上充满微笑，体现自己的宽容大度，则不论多么尴尬或困难的场合，都能轻易度过，感化家长，最终消除误解和矛盾。学会微笑，是初当班主任时要修炼的一项基本功。

微笑意味着礼节周到热情。和家长见面，青年班主任都要注意自己的外在形象，衣着整洁，精神焕发，给家长留下美好的印象，这也是对家长的尊重。家长来访时，要起身欢迎，端椅递茶，家长走时要起身相送。而且要尽量使用文明用语，如“请坐”、“请喝茶”等等。家访时要尊重他人的生活习惯。这样就会使家长明白你是一个很有道德修养的班主任，为彼此间的交流奠定良好的基础。

微笑意味着替家长着想。约见家长，最好事先约定。在家长太忙或自己抽不出时间接待，都不是合宜的时机。有的年轻班主任在与学生发生矛盾而无法解决时,请家长协助,而家长一时抽不出身,但班主任却仍然要求家长赶来,结果问题不能解决,反而使矛盾更加激化。有的家长来访,而班主任又没时间接待,把家长晾一边,导致家长不满。

微笑意味着班主任在思想上要摒弃"师道尊严",营造一种平等的氛围,使双方在心理、感情上接近和融洽。比如,有些学生学习品行稍差些,其家长会以为老师有对自己的孩子看法,怕去了没面子,不太愿意与班主任接触。越是这样,班主任越要做到谦逊有加,减轻家长的心理压力。这样,家长就会配合你的工作,以促进这些学生的早日转变。

微笑意味着意志上的努力与自控。面对做领导干部的家长,面对蛮不讲理的家长,做到理智而面带微笑,确实有点难为青年班主任。但是,事情往往就是这样,这个时候,能够使你这个年轻人在家长眼里感觉不一般的、有主见的、有水平和能力的,就是微笑。越是微笑了,往往能使家长在气头上却无处撒气,在望子成才的共同愿景下,很快便会意识到自己过分与失态。但这时如果班主任控制不住自己,就会使事情越来越糟,家长认为你涵养不够,还把自己推进了后续教育的死胡同中。

四、策略

1. 班主任在观念上要树立正确的学生观。客观地、全面地、公正地评价每一个学生,哪怕最差的学生也还有他的闪光之处,班主任就要抓住这些闪光之处,使家长听后,觉得这是教师的肺腑之言,感到学校教育的目的和任务是与学生家长的愿望相一致的,从而做到心理相容,主动协助班主任共同教育学生。

2. 接待家长是班主任工作的临时中心。不论学生表现如何,家长来了,千万不要因为其他事情的繁忙而冷落人家。即使真的有脱不开身的事,也要先安置好家长,在语言上请求谅解,让家长感到被尊重。通报学生违纪,也应平心静气,讲清道理,说明利害。既要动之以请,更要晓之以理;既要以礼待人,更要以理服人。尽量避免"登门告状"、"乱发牢骚"的现象。爱之所致,情之所依,理之所随。

3. 面对自己孩子存在的各种问题,期望值很高的家长们往往束手无策,他们很苦恼,也很着急,他们迫切希望从班主任那里寻找到解决问题的"灵丹妙药"。如果青年班主任能够及时地提供一些合理的建议,将会增加家长对你的感激和信任,从而树立自己的威信。而在给家长建议时,要注意:

其一,要有针对性。在解答家长的疑惑、给家长建议时,一定要有针对性。要针对学生的实际情况(如成绩、个性等)不能模糊不清,泛泛而谈,让家长不着边际,听起来全有理却不能解决实际问题,从而产生失望情绪,进而对班主任的工作能力产生怀疑。

其二,要科学实用。给家长的建议要条理清晰,言简意赅,最重要的是科学实用。没有把握的不要说,记不准确的不能说,要实事求是,不能言过其实,故作高深。如果建议不科学不合理,班主任的威信就会大打折扣。所以要加强自身的理论素养,多读书,多学习。

其三,要有建设性。家长经常性到学校看望孩子,大事小事包办,经常送吃的东西,给孩子过多的钱,给孩子配手机,用车接送孩子,放任孩子抽烟等等,是部分家长常有的不良习惯。指出这些问题,同时要提供可行性的建议。语言尽可能用建设性口吻。如"你看,我们是否可以这样做……"、"你能否试一下这种方式"等,让家长从内心认可。

4. 学生来自不同的家庭,每个家长的文化水平、素质、修养不同,各个家长对学校教育的配合程度自然存在很大的差异性,有时我们甚至会遇到一些粗鲁的家长,那就要求我们接待不同类型的家长时必须讲究语言的艺术。

5. 与家长沟通方式。班主任与家长沟通的主要方式有:电话、书信或 E-mail、家访、召开不同形式的家长会。针对不同情况的学生家长,班主任要选择适当方式,经常性地和家长联系。争取把他拉进你的同盟军。

6. 学会开家长会。要学习我国特级教师孙维刚的办法,他在半年之内开了十七八次家长会,并确定了一个建班方针。学习孙老师如何让家长不迟到;学习孙老师如何让学生与爸妈一道步行回家、感觉天伦的创意;学习孙老师如何做到尊重家长,绝不训斥家长,但也不迁就家长;学习孙老师,在家长会上,当着所有学生所有家长的面向同学道歉,只是因为在心里误解了一个同学；学习孙老师，如何教育学生成为父母的好孩子，让班主任的创设，学生的孝心行动，打动家长，感动家长。

7. 向家长反映学生问题的方法。可以通过不同的形式，可以面谈，也可以电话中谈，也可以选择其他方式。要公开、透明，尽可能让学生理解。而且从方法上，还可以和科任教师一起谈，和年级领导一起谈，和几个学生在场一起谈等等，追求交流的预期目的。当然，不主张在吃请的饭桌上谈，不主张利用在家长办私事的背景下谈。

8. 班主任要时时顾及学生家庭的尊严和隐私。赢取家长的信任与配合，切忌在家长面前搬弄是非，切忌夸大其词，切忌批评学生捎带家长。不论你对个别做领导的家长身上带有的世俗与圆滑怎样地看不惯，不论学生身上有多么让你感觉容忍不了的恶习，都要不露声色，不要含沙射影，也不要指桑骂槐，更不要口无遮拦。千万不能图一时之快，无形中降低自己的人格，让家长看不起。

9. 对学生的违纪惩罚制度和措施，要让学生同意、家长认可。魏书生，李镇西也处罚学生，但人家除了处罚方法颇具艺术性和人性化之外，更多的是让学生和家长在内心深处认可了你的处罚。年轻班主任没有足够资历，这一点就更显得重要。

10. 问题学生要和家长早点沟通。问题学生是大规模招生后的必然结果，有严重恶习（抽烟，喝酒，网瘾，手脚不干净等）、家庭异常、性格特内向、家庭特贫困、身体有异常病史等，各位班主任一定要心中有数，掌握这些学生的基本情况，多加关注，早做疏导，备有预案。往往这些学生一旦有事之后，处理起来比较棘手，一定要早与家长通报，早沟通，争取不出现涉及安全的事件。

在学校的文化背景中，有个“三苦”精神，即生活上艰苦，学习上刻苦，心理承受痛苦——这是对学生说的。班主任工作也有“三苦”，即工作辛苦，条件艰苦，心理承受痛苦。没有这个雅量，做好班主任工作是大不易的。

班主任工作要求人的心胸宽阔博大，有海纳百川的大气。在与学生、与科任教师、与家长的交往中，班主任必须有随时准备受气的平和心态，受不得气和委屈，做好班主任工作也是大不易的。

班主任的正确心态应该是：辛苦了，还受气，而不致心态失衡。班主任的辛苦与劳累，一是过程艰辛，二是等待的时间过长——也许，只有等学生走上社会了，班主任的苦和累才能酿出一丝丝的甜。好在是，这样的甜，会越来越浓，终生相随。

与学生家长打交道，考验着班主任的涵养。让耐心、微笑与真诚成为应对一切班主任的智慧，是青年班主任成长为优秀班主任，进而具有成名、成家潜质的重要标志。